중국사가
낳은 천재들

이나미 리쓰코 지음 | 이동철, 박은희

AK

일러두기

1. 중국 인명은, 신해혁명 저에 운명한 인물은 한기 음 을 그대로 표기하고, 그 후에 운명한 인물은 중국어 병음으로 표기하였다.

2. 서적 제목은 겹낫표(『』)로 표시하였으며, 그 외 인용, 강조, 생각 등은 따옴표를 사용하였다.
   *서적 제목
   예)『논어論語』,『사기史記』,『손자孫子』

서문

이 책은 춘추시대의 공자에서 현대의 루쉰까지 2,500여 년에 이르는 중국사의 도도한 물결 속에서 다양한 분야에서 활약한 이색적 인재 56인의 궤적을 시대순으로 살펴본다. 이 책에 등장하는 56인은 문장가, 예술가, 사상가, 역사가, 정치가 등으로 참으로 다방면에 걸쳐 대업을 이룬 인물들이다. 이뿐만 아니라 의사, 모험가, 과학자, 예능인 등 지금까지 소개되는 기회가 드물었던 분야의 거장들도 다루고 있다. 그들은 무대 전면에서 활약한 인물들의 뒤편에서 묵묵히 그러나 든든하게 역사라는 드라마를 지탱해준 인물들이다.

저마다 박진감 넘치는, 눈이 휘둥그레질 만큼 놀라운 생애를 보낸 56인의 궤적을 하나하나 들여다보다 보면 '사람이 시대를 만들고 시대가 사람을 만든다'라는 말을 새삼 실감하게 된다. 주지하다시피 중국의 정사正史에는 개인의 전기를 나열한 '열전체列傳體'라는 형식이 있다. 독특한 이력을 가진 인재 56인의 짤막한 전기를 나열한 이 책 역시 개개인의 파란만장한 생애를 추적함으로써 궁극적으로 다각적인 시점에서 중국의 장구한 역사를 되짚어보고자 한다.

이 책에서 거론한 56인 가운데는 진시황제秦始皇帝나 이백李白처럼 익히 알려진 인물은 물론, 만사동萬斯同이나 조익趙翼(둘 다 청나라 역사가)처럼 특기할 만한 업적을 남겼는데도 그다지 알려지지 않은 인물들이 상당수 포함돼 있다. 이들의 실제 삶을 좀 더 현실감 있게 소개하기 위해 각 인물의 짧은 전기 뒤에 그들이 직접 지은 시문이나 서화, 또는 역사서에 수록된 본전本傳 등을 함께 실었다. 원문과 번역문을 대조해 읽어나가는 가운데 그들의 생생한 육성을 전해 듣게 된다면 더없이 다행이겠다.

그럼 서론은 이 정도로 하고, 최고의 인재들이 아름답게 수놓은 중국사의 세계를 향해 항해의 돛을 올려보자.

이나미 리쓰코

목차

제1장
고대 제국의 성쇠

- "2세, 3세, 만세에 이르기까지 영원히 이어가도록 하라"

- 시황제의 말에서

1. 모든 것의 시작 - 춘추·전국·진·한 -

공자 - '인'과 '예'의 정치를 찾아서 -

사상가, 춘추시대,
기원전 551~479

유가儒家 사상과 유교儒教의 시조인 공자孔子(자字는 중니仲尼, 본명은 공구孔丘)는 여러 제후국이 분립해 있던 난세 춘추春秋시대(기원전 770~403) 노魯나라에서 태어났다. 공자는 하급 계층 출신으로, 그의 부모는 정식으로 결혼한 부부가 아니었다고 한다. 어려서 부모를 여의고 가난 속에서 성장한 공자는 각고의 노력으로 학문을 닦았다. 그 결과 30대에 이미 우수한 학자로 인정받았고, 그를 따르는 제자들도 차츰 늘어났다.

공자는 뛰어난 학자였을 뿐만 아니라 현실 사회와 정치

에도 관여하기를 희망했던 실천적 지식인이었다. 드디어 공자의 숙원이 이뤄지는 날이 왔다. 기원전 499년, 노나라 군주 정공定公이 학자로 명성 높던 공자를 발탁하여 대사구大司寇(지금의 법무부 장관)에 임명했던 것이다.

춘추시대 다른 나라들과 마찬가지로, 당시 노나라에도 하극상 풍조가 거세게 몰아쳐 삼환三桓이라 불리는 세 공족公族(군주의 일족)이 권력을 마음대로 휘두르고 있었다. 정공은 공자가 삼환 세력을 억제하는 역할을 맡아주기 바랐다. 공자 역시 그 기대에 부응하여 오매불망 숭배하던 주공 단周公 旦(주周 왕조 창설의 공신)의 이상정치를 재현하고자 온 힘을 다해 노력했다. 하지만 결국 삼환을 타도하려던 목적을 이루지 못한 채 허망하게 실각하고, 기원전 497년 노나라를 떠나게 된다. 이때 공자의 나이 이미 55세였다.

이후 공자는 14년에 걸쳐 '인仁(남을 배려하는 마음)'과 '예禮(도덕, 관습)'를 기초로 한 자신의 정치 이념을 이해해줄 군주를 찾아 여러 나라를 다니며 유세遊說를 계속했다. 하지만 그의 주장에 귀 기울여주는 군주를 끝끝내 만날 수 없었다. 그뿐만 아니라 유세 여행 도중 세 번이나 생명의 위협에 노출되는 등 불운까지 이어져, '축 처진 꼴이 상갓집

주인 잃은 개喪家之狗 같다'는 혹평을 듣는 지경에 이르렀다. 다만 공자의 이 유세 여행에는 그를 경애하는 많은 제자들이 수행해 그나마 큰 위안이 되었다.

비록 현실 정치에서 큰 뜻을 펼치지는 못했지만, 공자는 결코 무기력한 지식인이 아니었다. 키가 9척 6촌(약 216cm)에 달하는 위풍당당한 대장부로서, '장인長人(거인)'으로도 불렸다고 한다. 몸과 마음이 모두 강인한 사람이 아니었다면, 그 정도로 장기간에 걸친 방랑 생활을 꿋꿋하게 이어갈 수 없었을 것이다.

기원전 484년 68세가 되던 해, 공자는 별 소득이 없던 유세 여행을 마치고 노나라로 돌아왔다. 이후 그는 향년 73세로 죽을 때까지 제자들의 교육에 힘을 쏟는 한편, '오경五經'으로 총칭되는 유가 사상의 다섯 가지 경전 곧 『서경書經』, 『예경禮經』, 『시경詩經』, 『역경易經』, 『춘추春秋』를 정리해 편찬하는 데 전념하며 나날을 보냈다.

『논어論語』는 제자들이 기록한 공자의 언행록이다. 『논어』에는 우등생 안회顏回와 용감무쌍한 행동파 자로子路를 비롯한 개성 있는 제자들과 공자 사이에 오간 대화가 현장감 넘치게 재현돼 있다. 공자는 실패에 굴하지 않고 때때로 우스갯소리까지 섞어가며 자신의 사상을 전달하고자 했고, 그의 제자들은 항상 스승에게 질문을 던지며 그 가르침의 진수를 흡수하고자 했다. 『논어』는 이러한 스승과 제자의 자유로운 대화 가운데서 원시 유가 사상이 형성돼가는 모습을 생생하게 그려낸 아주 희귀한 기록이다.

◆공자의 말 『논어』 「위정편爲政篇」_____

나는 열다섯 살에 학문을 하기로 결심했고, 서른 살에 학문의 기초를 완성했다. 마흔 살이 되자 내 학문과 삶의 방식에 자신을 갖게 되었으며, 쉰 살에는 하늘이 내게 부여한 사명을 깨달았다. 예순 살이 되자 나와 다른 의견을 들어도 반발하지 않게 되었고, 일흔 살에는 마음 가는 대로 행동해도 인간의 도리에 벗어남이 없게 되었다.

吾十有五而志于學, 三十而立, 四十而不惑, 五十而知天命,

六十而耳順, 七十而從心所欲不踰矩.

상앙- 냉혹하고 비정한 법치주의자 -

정치가, 전국시대,
기원전 390?~338

춘추시대가 지나고 '전국칠웅戰國七雄'이라 불리는 일곱 제후국, 즉 한韓, 위魏, 조趙, 제齊, 연燕, 초楚, 진秦이 패권을 다투는 전국시대(기원전 403~222)가 도래한다. 상앙商鞅(공손앙公孫鞅 또는 위앙衛鞅이라고도 함)은 전국시대에 진秦나라 효공孝公(재위 기원전 361~338)을 섬기며 매서운 수완을 발휘한 유능한 정치가이다.

상앙은 원래 약소국 위衛나라 출신으로, 법률과 형벌을 중시하는 형명학刑名學에 밝았다. 위나라 제후의 서출이었던 상앙은 몰락 일로를 걷던 조국에서는 자신의 능력을 발휘할 수 없다고 판단했으나 일단 위魏나라의 재상 공숙좌公叔座 아래에서 벼슬살이를 시작했다. 공숙좌는 상앙의 능력을 높이 평가했다. 그는 중병에 걸리자 위나라 왕에게 자신이 죽은 뒤 상앙을 후임 재상으로 임용하거나, 아니면 국외로 나가지 못하게 바로 죽여버리라고 진언했다. 공숙좌는 아직 무명이던 상앙의 놀랍도록 뛰어난 행정 능력을 간파하고 있었던 것이다. 하지만 위왕은 그 진언을 귓가로 흘려듣고 말았다. 덕분에 상앙은 공숙좌가 죽은 뒤 아무 탈 없이 위나라를 떠나 진나라로 갈 수 있었다.

상앙은 연줄을 동원해 마침내 진나라 효공과 만났고, 법과 제도를 엄격히 시행함으로써 진나라를 강력한 중앙집권국가로 개조할 수 있다는 주장을 펼쳐 보였다. 이 의견에 공감한 효공은 기원전 359년 상앙을 '변법變法', 곧 국가 개조계획의 책임자로 임명했다.

마음껏 수완을 발휘할 수 있는 자리에 오른 상앙은 면밀하게 국가 개조계획을 수립해 착실히 성과를 올렸다. 그는 이 정책을 입안하면서 민중 차원의 엄격한 상호 감시체계를 설계하고, 왕족을 비롯한 상층 인사에 대해서도 군사적 공훈에 상응하는 엄밀한 등급을 부여하는 등 사람들을 최상층에서 최하층까지 구분하여 효율적으로 관리해나가고자 했다.

참으로 가슴이 서늘해지는 냉혹한 관리 수법이다. 어쨌든 상앙의 변법은 대성공을 거둬 진나라 내부가 금세 정비되었다. 효공은 이를 기회로 기원전 350년 옹雍(지금의 산시陝西성 바오지寶雞시 북동쪽)에서 함양咸陽(지금의 산시陝西성 셴양시)으로 천도하고, 상앙에게 명하여 제2차 변법을 실시토록 했다. 이렇게 한층 강화된 국가 기반 위에서, 천도한 지 10년 뒤 진나라 대군은 상앙의 지휘 아래 이웃한 위魏나라로 진격했다. 상앙은 탁월한 책략으로 위나라 군대를 격파하고 대승을 거두기에 이른다. 상앙을 국외로 나가지 못하게 하라던 위나라 재상 공숙좌의 우려가 적중했던 것이다.

이 전쟁에서 세운 공으로 상앙은 상商과 오於(상商은 지금의 산시성陝西省 상현商縣이며 상의 서쪽으로 200리 떨어진 곳에 오於가 있었다-역자 주)를 영지로 하사받고 상군商君이라 불리게 되었다. 효공을 섬긴 지 20여 년, 순풍에 돛 단 듯 순탄하던 그의 인생은 기원전 338년 효공이 죽고 그의 아들 혜문왕惠文王이 즉위하면서 곧바로 암울하게 뒤바뀐다. 예전에 법을 어긴 자기 대신 스승들이 상앙에게 엄하게 처벌받은 쓰라린 경험이 있던 혜문왕이 즉위하자마자 상앙을 반란죄로 체포하려 했던 것이다. 도망가다 붙잡힌 상앙은 진나라 군사에게 살해당하고, 혜문왕은 그의 시체마저도 사지를 찢는 거열형에 처했다고 하니, 그 원망이 얼마나 깊었는지 짐작할 수 있을 것이다.

이렇듯 상앙은 자신이 만든 냉혹한 정치 수법에 스스로

걸려들어 비운의 최후를 맞았다. 하지만 그가 실시한 법률 중심 정책과 중앙집권체제는 진나라의 기본 방침으로 채택됐고, 약 100년 후 진시황제가 천하를 통일하는 데 최대 무기가 되었다.

◆상앙의 전기 『사기史記』「상군열전商君列傳」

상군이 도망치다 관문에 이르러 여관에서 묵으려고 했다. 그가 상군임을 알 리 없는 여관 주인은 "상군의 법에 따라 여행증명서가 없는 사람을 재워주면 연좌된다"며 거절했다. 상군이 크게 한숨지으며 말했다. "아아, 법을 만든 폐해가 이 정도까지 이를 줄이야!"

商君亡至關下, 欲舍客舍.

客人不知其是商君也, 曰 : "商君之法, 舍人無驗者坐之."

商君喟然嘆曰: "嗟乎, 爲法之敝, 一至此哉!"

사상가, 전국시대,
생몰년 미상

장자 - 뒷골목에서 '천지자연'을 말하다 -

노자老子와 함께 도가道家 사상의 시조로 평가되는 장자莊子(본명은 장주莊周)는 전국시대의 송宋나라 몽현蒙縣(지금의 허난河南성 상추商邱현) 출신이다. 상세한 전기는 알 수 없지만, 사마천司馬遷이 쓴 『사기』「장자전莊子傳」에 남방의 대국이던 초楚나라 위왕威王(재위 기원전 339~329)이 장자를 재상으로 삼으려 했다는 기록이 있으므로, 기원전 4세기 후반에서 3세기 초에 걸쳐 살았을 것으로 추정된다.

장자는 젊은 시절 고향 몽현에서 칠원漆園(옻나무밭)의 말단 관리를 지낸 일이 있었지만, 그 후로는 벼슬을 했던 흔적이 없다. 그의 명성을 전해 들은 초나라 위왕에게서 재상이 되어달라는 요청을 받았을 때도 "통통하게 살찌워져 제삿날 희생양으로 쓰이는 소가 되느니 진흙투성이로 자유롭게 뒹구는 편이 훨씬 좋소. 평생 벼슬 따위는 하지 않고 스스로의 뜻을 유쾌하게 하고 싶을 뿐이오"라며 딱 잘라 거절했다고 한다.

이 사건 외에는 『사기』 「장자전」에도 구체적인 이력이 보이지 않는다. 다만 장자가 지은 『장자』 「열어구편列御寇篇」에 옹색하고 궁핍한 뒷골목에 살면서 짚신을 삼아 파는 가난한 생활을 계속하느라 수척해져 안색이 나쁜 그의 모습을 희화적으로 묘사한 대목이 있다. 명예도 출세도 바라지 않고 오직 정신적 자유만을 추구했던 장자는, 아마도 가난한 뒷골목의 은자隱者 사상가로 일생을 보냈을 것이다.

장자의 선배 격으로 도가 사상의 또 다른 시조인 노자는 춘추시대 중엽 동주東周 왕조의 장서실藏書室(오늘날의 국립도서관) 관리자였다. 그는 훗날 『노자(도덕경道德經)』 5,000마디를 남기고 종적을 감췄다고 한다. 노자 철학은 사회를 위한 의의 있는 행동, 곧 유위有爲를 중시하는 유가儒家 사상과는 완전히 다르다. 인간은 만물의 근원인 '도道'를 알아야 하며, 그러기 위해서는 아무것도 하지 않는 '무위無爲'로써 있는 그대로의 상태인 '자연自然'에 도달하는 것, 곧 '무위자연無爲自然'의 경지가 무엇보다도 중요하다고 노자는 설파한다.

장자도 노자와 마찬가지로 무위자연을 중시하지만, 둘 사이에는 상당한 차이가 있다. 노자의 무위자연에는 세상일에 관여하지 않으면 내 한 몸의 안전을 도모할 수 있다는, 처세술과 관련한 요소가 눈에 띈다. 반면 장자가 말하는 무위자연은 한층 더 초월적이어서, 세속이나 사회 따위는 대수롭지 않게 여기며 위대한 천지자연과 하나가 되어 내면에 있는 자유의 영역을 확장하는 것을 그 목표로 한다. 또한 두 사람의 철학이 담긴 『노자』와 『장자』도 전자가 짧은 격언을 모은 잠언집인 반면, 후자는 기상천외한 수많은 이야기를 면밀하게 짜넣은 우화집 성격을 띠고 있어 매우 대조적이다.

예컨대 '자연'이 얼마나 소중한 것인가를 이야기하고자 장자는 '일곱 구멍이 뚫리자 죽고 만 혼돈混沌(「응제왕편應帝王篇」)' 우화를 제시한다. 곧 우주의 중앙을 다스리는 신神인 혼돈은 원래 머리에 아무것도 없는 밋밋한 존재였는데, 다른 신들이 호의를 베푼답시고 눈, 코, 입, 귀의 일곱 구멍을 하루에 하나씩 뚫어주었다고 한다. 그러자 혼돈은 마지막 7일째 모든 구멍이 뚫리는 순간, 그만 죽고 말았다는 이야기다. 본래의 성질을 인위적으로 가공하는 것이 얼마나 부질없는 일이며, 있는 그대로 자유롭게 사는 것이 얼마나 소중한지를 장자는 이 우화를 통해 백만 마디 장광

설보다 더 분명하게 설파하고 있는 것이다.

이런 식의 흥취 넘치는 우화가 가득한 『장자』는 '중국 고대 환상 소설집'이라 불렸을 정도로 독특한 분위기를 지니고 있다.

◆장자의 말 『장자』「소요유편逍遙遊篇」

지금 그대는 큰 나무를 가지고 그 쓸모없음을 걱정한다. 왜 그것을 아무것도 존재하지 않는 광막한 들판에 심고, 그 곁에서 마음껏 쉬며 그늘 아래 편안히 잠들려고 하지 않는 것인가? 도끼에 찍혀 요절하는 일도 없고, 어떤 사물에도 해를 입는 일이 없을 것인데, 쓸모없음 따위를 어찌 곤란해하는가!

今子有大樹, 患其無用. 何不樹之于無何有之鄕, 廣寞之野, 彷徨乎無爲其側, 逍遙乎寢臥其下? 不夭斤斧, 物無害者, 無所可用, 安所困苦哉!

진시황제 - 불사不死를 꿈꾼 제왕 -

황제, 진,
기원전 259~210

　기원전 221년, 진秦나라의 왕 정政은 500년 넘게 지속된 춘추전국의 난세에 종지부를 찍고 천하를 통일한 뒤 즉위하여 시황제始皇帝(재위 기원전 221~210)가 되었다. 법률과 제도를 중시한 합리주의자였던 시황제는, 먼저 전국을 36군郡으로 나누고 관리를 파견하여 행정을 담당케 함으로써 중앙집권체제를 확립했다. 또한 전국시대 동안 나라마다 제각각이었던 도량형度量衡, 화폐, 거궤車軌(두 수레바퀴 사이의 폭), 문자를 통일하는 등 여러 제도를 정비하고 통합했다.

　시황제가 천하를 통일하는 사업을 진행하는 과정에서 중요한 역할을 담당했던 이는 승상丞相 이사李斯(?~기원전 208)다. 원래 진나라는 시황제가 천하를 통일하기 약 100년 전에 법률과 형벌을 중시하는 법가法家 사상가인 상앙商鞅을 기용해 국가 개조계획을 시행함으로써 일대 비약을 이룩한 역사가 있다. 상앙의 사상과 정치 수법을 계승한 이사는 강압적으로 사상을 통제하는 정책을 펼쳤다.

기원전 213년에 일어난 '분서焚書' 사건의 각본을 쓴 사람도 사실 시황제가 아닌 이사였다. 책을 불태워버리는 분서의 목표는 의학서, 농업서 같은 실용서와 진나라 역사서인 『진기秦記』를 제외한 모든 책을 몰수해 소각함으로써 사상을 더욱 철저히 통제하려는 데 있었다.

시황제는 이사의 보좌를 받아 엄격한 통치정책을 추진하는 한편, 거대 건축물에 각별한 애착을 갖고 수도 함양咸陽에 '아방궁阿房宮'을 비롯한 장대한 궁전을 차례로 축조했다. 또한 함양 교외에는 지하 궁전이라 할 만큼 웅장하고 아름다운 '여산릉驪山陵(진시황릉)'을 건조하는 등 자신에게 집중된 부를 호화찬란한 건축물을 축조하는 데 낭비했다.

이렇게 무소불위의 권력자가 된 시황제였지만, 그에게도 약점은 있었으니 바로 죽음에 대한 공포였다. 장생불사, 영원불멸을 향한 갈망에 사로잡힌 시황제는 제齊나라 방사方士(신선의 술법을 닦는 사람) 서복徐福에게 대규모 선단을 이끌고 가 신선이 산다는 동해의 삼신산三神山(봉래蓬萊, 방장方丈, 영주瀛洲)의 소재를 탐색하도록 했다. 이를 비롯해 방사의 말이라면 곧이곧대로 믿고서 종종 막대한 자금을 들여 신선이나 선약仙藥을 찾아오게 하기도 했다.

분서와 더불어 시황제의 악명을 드높인 '갱유坑儒' 사건도 바로 이런 불멸을 향한 소망이 만들어낸 부산물이었다. 이 사건은 기원전 212년 노생盧生이라는 한 사이비 방사方士에게 속아 격노한 시황제가 그와 관련된 방사와 학자들을 추적해 체포하고 가혹하게 심문한 뒤, 그 가운데 460여 명을 산 채로 파묻는 형벌에 처한 일이었다.

탁월한 정치 감각을 보유하고 있었으면서도 죽음에 대한 공포에서 자유롭지 못했던 시황제의 운명은 돌연 종말을 맞는다. 기원전 210년, 전국을 순방하던 도중 중병에 걸려 세상을 떠나고 만 것이다. 황제의 자리에 오른 지 11년, 시황제의 나이 고작 50세였다.

시황제가 죽고 아들 호해胡亥가 즉위해 2세 황제二世皇帝에 오른 직후, 진 왕조는 붕괴하기 시작했다. 악랄한 환관宦官 조고趙高가 무능한 호해를 조종해 이사를 위시한 경쟁자들을 제거하고 마음대로 권력을 휘두르는 가운데, 각지에서 반란이 일어나 순식간에 중국 전역으로 혼란이 번졌던 것이다. 이 혼란의 와중인 기원전 206년, 시황제가 죽은 지 겨우 4년 만에 진나라는 어이없이 멸망하고 말았다.

◆시황제의 말 『사기』「진시황본기秦始皇本紀」_____

지금부터 시호법諡號法(황제나 왕이 죽은 후 신하들이 시호를 정해 올리는 제도)은 폐지한다. 짐이 시황제가 되고, 후세는 숫자로 세어서 2세, 3세, 만세에 이르기까지 영원히 이어가도록 하라.

自今以來, 除諡法. 朕爲始皇帝, 後世以計數, 二世·三世至於萬世, 傳之無窮.

―『사기』「진시황본기秦始皇本紀」

황제, 전한,
기원전 256 또는
247~195

진나라 말기의 혼란을 수습하고 천하를 재통일한 한漢나라 고조高祖(재위 기원전 202~195) 유방劉邦은 지금의 장쑤江蘇성 패현沛縣의 농민 출신이다. 젊은 시절 유방은 농사짓기를 싫어해 무뢰배 건달로 방탕한 세월을 보냈다. 그럼에도 나중에는 패현에서 가까운 마을의 정장亭長(촌장)이 되었고, 지금의 산둥山東성 지역인 선보單父 지방 유지인 여공呂公의 딸(곧 훗날의 여후呂后)과 결혼했다. 이렇게 세력 있는 지방 유지의 사위가 된 것은 유방이 비약하는 계기가 되었다.

그 후 유방은 정장 신분으로 여산릉驪山陵(진시황릉) 축조 공사에 동원된 죄수들을 인솔해 현장으로 가게 되었다. 그러나 도중에 탈주자가 속출하자 어쩔 수 없이 그들을 전부 석방하고, 자신은 패현의 산속으로 숨어서 도적 떼의 두목이 되었다. 패현 사람들은 진나라의 가혹한 징벌에 반기를 든 유방의 용감한 행동에 경의를 표했고, 유방은 점차 패현 근방에서 활동하는 임협任俠(의리 하나만으로 혈연보다 더 긴밀한 유대관계를 맺고 살아가는 부류-역자 주) 집단의 중심적인 존재가 되어갔다.

시황제가 죽고 난 다음 해인 기원전 209년, 변경 수비를 담당하던 민중 부대의 지도자 진승陳勝과 오광吳廣이 일으킨 반란이 각지로 확산되었고, 패현에서도 주민들이 봉기해 현의 지사를 죽이고 인망 높던 유방을 옹립하기에 이른다. 이에 유방은 훗날 한漢 왕조 창설의 원동력이 되는 핵심 참모 소하蕭何, 조참曹參, 주발周勃, 번쾌樊噲 등을 중심으로 패현 출신 군단을 결성해 진나라 말기의 난세에 적극적인 행동을 개시했다.

얼마 지나지 않아 유방 군단은 전국시대 강대국이던 초楚나라 호족 항량項梁과 항우項羽(기원전 232~202) 세력과 합세해 각지에서 진나라 군대와 격전을 벌인다. 하지만 유방과 항우의 공동 전선은 그리 오래가지 못했다. 기원전 206년, 유방이 항우보다 한발 먼저 진나라의 수도 함양咸陽을 제압한 일을 계기로 둘의 관계는 악화 일로를 걷게 된다.

조금 덧붙이자면, 유방에게 선수를 빼앗긴 항우는 연회를 핑계 삼아 자신이 진을 치고 있던 함양의 동남쪽 홍문

鴻門으로 유방을 불러들여 살해하려고 했다. 하지만 우물 쭈물 망설이다가 결국 유방을 놓쳐버리고 말았다. 이 '홍문의 연회'야말로 잡아먹을 것인가, 혹은 잡아먹힐 것인가 하는 운명의 기로에서 두 사람이 필사의 승부를 겨룬 '초한전楚漢戰'의 개막을 알리는 사건이었다.

홍문의 연회가 있은 뒤 함양으로 쳐들어간 항우 군대는 온갖 파괴와 약탈을 자행했다. 한편 유방은 한왕漢王에 봉해지자마자 그대로 순순히 물러나 영지인 한중漢中(지금의 산시성陝西省)으로 향했고, 그곳에서 태세를 재정비하며 때를 기다렸다. 얼마 후 유방은 '국사무쌍國士無雙', 곧 나라에 둘도 없는 인재라 불리던 한신韓信을 대장으로 기용해 군사를 일으켰다. 항우와 사투를 거듭한 지 4년 만인 기원전 202년, 유방은 해하垓下에서 벌어진 전투에서 마침내 숙적 항우를 격파하고 천하를 통일했다.

사실 유방은 출신 계급이나 개인적인 무력에서는 항우의 발끝에도 미치지 못했다. 하지만 그는 '장자長者(인격자)'라 불렸을 만큼 포용력을 갖췄으며, 상황을 냉철하게 판단하는 지혜가 있어 성급하고도 강압적인 항우를 완전히 압도했다. 이 차이가 그를 최후의 승리자로 만들었다고 할 수 있을 것이다.

그러나 유방은 한나라의 초대 황제 고조가 된 뒤부터 장자다운 모습을 보여주기는커녕 점점 더 시기심의 포로가 되어갔다. 잔인한 성격의 아내 여후와 공모하여 한신을 비롯해 군사력을 갖춘 공신들을 차례로 숙청했다. 영원불멸을 향한 소망에 사로잡혔던 진시황제도 그랬고, 무엇이든 의심하게 만드는 고약한 귀신이 씌었던 한고조도 그랬던 것처럼, 최고의 권력에는 사람을 미치게 하는 마력이 있는지도 모르겠다.

◆고조의 노래 『사기』「고조본기高祖本紀」_____

세찬 바람 불고 구름 휘날리더니

위세를 천하에 떨치고 고향에 돌아왔네.

어디서 용맹한 병사 얻어 사방을 지킬꼬!

大風起兮雲飛揚, 威加海內兮歸故鄕, 安得猛士兮守四方!

사마상여 - 사랑이 펼쳐준 운명 -

문장가, 전한,
기원전 179~117

사마상여司馬相如(자는 장경長卿)는 한 대(전한前漢 기원전 202~기원후 8, 후한後漢 25~220)의 주요 문학 장르인 부賦(서사적 성격이 강한 운문의 일종)의 명수로 알려져 있다.

처음에 사마상여는 전한 제6대 황제인 경제景帝 재위 때 벼슬을 지냈다. 그러나 경제가 사부辭賦(문학)를 탐탁해하지 않아 뜻을 이루지 못하고 사임한 뒤, 문학을 좋아하던 경제의 동생 양효왕梁孝王 밑으로 들어갔다. 그렇게 양梁 지방에 체류한 지 수년 만에 후원자이던 양효왕이 죽자, 사마상여는 어쩔 수 없이 고향인 촉蜀(지금의 쓰촨四川성)의 성도成都로 되돌아왔다.

하지만 돌아와보니 부유했던 집안은 이미 몰락해 생계를 꾸려나갈 방도조차 막막했다. 대책 없이 난감해하고 있던 차에, 성도 서남쪽에 위치한 임공현臨邛縣의 지사로 있던 어릴 적 친구 왕길王吉이 건너올 것을 권유했다. 그 권유를 받아들여 임공으로 간 것이 사마상여 인생에 일대 전기가 되었다.

　왕길의 밑에 고명한 문인이 머물고 있음을 안 임공의 부호 탁왕손卓王孫이 성대한 연회를 베풀고 후한 예를 갖춰 사마상여를 초대했다. 연회가 한창 무르익을 무렵, 사마상여는 자신의 장기인 거문고 솜씨를 펼쳐 보였다. 그때 저편 어둠 속에서 미목眉目(얼굴 모습)이 수려한 사마상여를 주시하며 거문고 소리에 귀 기울이는 여인이 있었다. 바로 탁왕손의 딸 탁문군卓文君이었다. 그녀는 남편과 사별하고 막 친정으로 돌아와 있던 참이었다. 『사기』「사마상여열전司馬相如列傳」에 따르면, 사마상여는 처음부터 음악을 좋아하는 탁문군을 노리고 친구 왕길의 협조를 얻어 그녀의 관심을 유도한 것이라고도 한다.

　계획적이었는지 여부는 알 수 없지만, 어쨌거나 그 뒤 일어난 일은 전광석화 그 자체였다. 하인 편에 사마상여의 연애편지를 받아 본 탁문군은 그날 밤 안으로 그에게 달려갔고, 두 사람은 손을 맞잡고 성도로 사랑의 도피를 감행했다. 지금으로부터 2,000년도 더 된 그때 이렇게나 대담한 사랑의 도피 행각을 벌이다니, 정말이지 경탄을 금할 수 없다. 그 뒤로도 이 연인의 도전은 계속된다.

사마상여는 찢어지게 가난한 처지였는데, 격노한 장인 탁왕손은 당연하게도 단돈 한 푼 도와주려 하지 않았다. 그러자 억척스러운 성격의 탁문군은 대담하게도 사마상여를 데리고 친정이 있는 임공으로 돌아와, 자기 수중에 있던 수레와 말 등을 몽땅 팔아 술집 하나를 사서 보란 듯이 장사를 시작했다. 탁문군은 술손님들을 상대하고, 사마상여는 쇠코잠방이(여름에 농부들이 입는 무릎까지 오는 짧은 잠방이) 하나만 걸치고 설거지를 하며 아주 당당하고도 열심히 술장사를 했다. 그러자 처음에는 펄펄 뛰던 탁왕손도 마침내 두 손을 들고 탁문군에게 막대한 재산을 나눠주었다. 그 덕분에 사마상여는 성도로 돌아가 전답과 저택을 사서 일대 재산가가 되었다.

　이것이 운이 트이는 계기가 되어, 얼마 후 사마상여는 제7대 황제인 무제武帝(경제의 아들, 재위 기원전 141~87)에게 재능을 인정받았으며, 무제가 가장 총애하는 궁정 문인으로서 「천자유렵부天子游獵賦」를 비롯해 많은 명작을 지어냈다. 예로부터 사마상여에 대해서는 인격적으로 문제가 있었다는 등 비판이 끊이지 않았지만, 탁문군은 앞뒤 사정 따위는 따지지 않고 격정적 사랑에 모든 것을 걸었다. 그리고 그 격렬한 연정으로 사마상여가 문인의 가능성을 최대한 꽃피울 수 있도록 도왔던 것이다. 한대 문학의 대표적 존재로서 특별한 재주를 가진 문인 사마상여는 탁문군과 나눈 희대의 사랑 속에서 탄생했다고 말할 수 있을 것이다.

◆사마상여의 전기 『사기』「사마상여열전」 _____

사마상여는 탁문군과 함께 임공으로 가 자기들이 가진 수레와 말을 전부 팔아 술집 하나를 사들여 장사를 시작했는데, 탁문군에게 술집에 앉아 술을 팔게 했다. 사마상여 자신도 쇠코잠방이를 걸친 채 일꾼들 사이에서 허드렛일을 하며 번화한 네거리에서 설거지를 했다.

相如與俱之臨邛, 盡賣其車騎, 買一酒舍酤酒, 而令文君當鑪.

相如身自着犢鼻褌, 與保庸雜作, 滌器于市中.

사마천- 원한과 집념의 위대한 역사가 -

역사가, 전한,
기원전 145~86

전한의 사마천司馬遷(자는 자장子長)은 주지하다시피 신화와 전설 시대부터 그가 살았던 전한 무제 시대까지의 역사를 기록한 『사기史記』를 지은 사람이다.

그의 아버지 사마담司馬談은 무제가 즉위한 다음 해인 기원전 140년에 천문, 역법, 역사 기록 등을 담당하는 태사령太史令이 되었다. 사마담에게는 유가의 시조인 공자가 정리한 역사서 『춘추春秋』의 뒤를 이어 시대의 역사를 총체적으로 기술해보려는 웅대한 구상이 있었다. 이 때문에 아들 사마천에게도 어릴 적부터 고문古文(한대 이전의 문자)으로 쓰인 문헌을 읽는 훈련을 시켰다.

또한 사마담은 사마천이 스무 살이 되었을 때, 주요 역사적 사건이 전개된 장소를 실제로 조사해보게 하고자 2년이 넘는 시간을 들여 지금의 안후이安徽, 장쑤江蘇, 저장浙江, 후난湖南, 산둥山東, 허난河南 등 각 지방을 여행하도록 했다. 이렇게 하여 사마천은 문헌학과 민속학적 현지 조사라는 두 분야에서 역사가의 기초를 다졌던 것이다.

긴 여행에서 돌아온 사마천은 관리가 되어 10여 년간 낭중郎中(궁중의 숙위宿衛를 담당하는 관직)으로 재직했다. 그러다 원봉元封 원년(기원전 110)인 36세 때, 자신의 숙원인 역사서를 반드시 완성시키라는 유언을 남긴 채 아버지 사마담이 사망한다. 아버지가 죽고 난 2년 뒤, 태사령이 된 사마천은 궁정 도서관의 옛 기록과 문헌을 뒤지며 역사서 저술을 위한 준비를 계속했다. 하지만 새 달력을 만드는 본업무에 쫓겨 좀처럼 집필에 매달릴 수가 없었다. 태초太初 원년(기원전 104)에 드디어 달력, 곧 태초력太初曆이 완성되자 그는 본격적으로 『사기』 집필에 착수했다.

그러나 5년 뒤인 천한天漢 2년(기원전 99), 사마천의 인생을 송두리째 뒤흔들어놓은 대사건이 터진다. 그해에 전한의 장군 이릉李陵이 북방 이민족인 흉노 군대와 격전을 벌이다 칼도 부러지고 화살도 떨어져 어쩔 수 없이 적에게 항복하는 사건이 벌어졌다. 조정의 중신들은 일제히 이릉을 비난했지만, 사마천은 무제 앞에 나가 논리 정연하게 그를 변호했다. 이것이 무제의 역린逆鱗을 건드려, 다음 해인 천한 3년에 사마천은 성기를 잘리는 굴욕적인 형벌인 궁형宮刑에 처해지고 말았다. 이때 그의 나이 48세였다.

죽음보다 참담한 나날을 극복하고 마침내 사마천은 무제에 대한 분노와 원망을 담아 『사기』 집필을 재개했다. 참고로 그는 궁형을 당한 뒤, 당시 환관들이 맡던 관직인 중서령中書令이 되었다고 한다.

　모두 130권에 이르는 장대한 통사通史인 『사기』의 주요 부분을 차지하는 것은 각 시대별 권력자의 전기를 서술한 「본기本紀(12권)」와 특징적인 삶을 살아간 개인의 전기를 모은 「열전列傳(70권)」이다. 이런 역사 기술체계는 사마천이 발명한 것으로 '기전체紀傳體'라고 불린다. 『사기』 이후에 편찬된 '정사正史'는 모두 한 왕조의 역사를 서술한 '단대사斷代史'이지만, 기술체계 자체는 기전체를 따르고 있다. 참고로 황제의 명령으로 편찬되는 '정사'라는 장르가 성립한 것은 당나라 이후이다. 그 이전의 역사서는 모두 역사가 개인이 저술한 것으로서, 『사기』도 예외가 아니다.

　사마천이 '발분저서發憤著書(들끓는 분노를 글로 남겨 후대 사람을 일깨우려는 문인 정신-역자 주)'로 『사기』를 완성한 것은 정화征和 3년(기원전 90), 그의 나이 56세 때였다. 그 4년 뒤 사마천은 60세를 일기로 삶을 마감했으니, 그의 운명을 바꿔놓은 무제가 죽은 바로 다음 해의 일이었다.

◆사마천의 편지 「보임소경서報任少卿書(임안任安에게 보내는 편지)」 —————————————

내가 참고 견디며 구차하게 살아남아 더러운 곳에 유폐되는 일조차 사양하지 않은 것은, 마음속으로 하고 싶은 일을 다 이루지 못한 채 비루하게 죽어 내 문장이 후세에 드러나지 않을 것을 한스럽게 여겼기 때문입니다.

所以隱忍苟活, 幽于糞土之中而不辭者,

恨私心有所不盡, 鄙陋沒世而文采不表于後世也.

반초- 호랑이 굴에 들어간 용사 -

병법가, 후한,
33~103

후한의 반초班超(자는 중승仲升)는 서역 원정에서 큰 공을 세운 인물이다. 전한과 후한을 통틀어 한나라는 북방 이민족인 흉노의 침입 때문에 언제나 골머리를 앓았다. 전한 시기에는 무제부터 선제宣帝(재위 기원전 74~49) 시대에 걸쳐 계속 대군을 파병해 흉노에 타격을 입히고, 서역 여러 나라를 전한의 지배 아래 두는 데 성공했다.

그 뒤 잠시 평온한 상태가 이어졌지만, 외척(황후의 일족) 왕망王莽이 전한을 멸망시키고 신新(8~23) 왕조를 세운 무렵부터 흉노는 또다시 세력을 키웠다. 그리하여 흉노의 지배 밑으로 들어가는 서역 국가들이 속출하게 되었다.

신나라가 멸망한 뒤 전한의 일족인 유수劉秀(광무제光武帝, 재위 25~57)가 즉위하여 후한 왕조를 세우고 중국 전역을 재통일한다. 하지만 광무제는 내정을 충실히 하는 데만 힘을 쏟고, 대외적으로는 계속 소극적인 노선을 취했기 때문에 흉노가 부쩍 세력을 키워 후한 제12대 황제인 명제明帝(재위 57~75) 무렵에는 후한과의 국경지대까지 공격해 들어왔다. 당황한 후한 조정은 흉노의 침공을 저지하기 위해 마침내 두고竇固를 총대장으로 한 원정군을 파견하기로 결단을 내렸다.

반초는 영평永平 16년(73)에 두고가 이끄는 흉노 원정군에 참가해 두각을 나타낸 것을 시작으로, 서역에 머문 30여 년 동안 후한과 흉노 사이에서 동요하던 50개국이 넘는 나라들을 후한으로 귀속시키고 서역도호西域都護로서 그 나라들을 총괄 지휘하기에 이르렀다.

반초가 이러한 성공을 거두게 된 계기는 두고의 명령을 받고 서역 국가 중 하나인 선선국鄯善國에 사자使者로 갔을 때 일어난 사건이었다. 때마침 흉노에서 온 사신이 도착하자, 선선국의 왕은 대번에 반초 일행을 소홀히 대하기 시작했다. 그러자 반초는 "호랑이 굴에 들어가지 않으면 호랑이 새끼를 잡을 수 없다不入虎穴, 不得虎子"고 호령하며 데리고 온 36명의 부하들을 독려한 뒤, 흉노의 사신이 묵고 있던 숙소에 불을 질러 100명이 넘는 일행을 전멸시켜 버렸다. 이에 기겁한 선선국 왕은 후한에 충성을 맹세했고, 이후 반초의 용맹스러운 이름은 서역 전역으로 퍼지게 되었다.

반초는 원래 학자 집안 출신이었다. 아버지 반표班彪(3~54)는 『사기』를 이은 역사서 수십 편을 지었고, 형 반고 班固(32~92)는 아버지의 유지를 받들어 전한 시대의 역사를 기술한 『한서漢書』를 완성했다. 조금 덧붙이자면 『사기』가 신화와 전설 시대부터 전한 무제 시대까지의 역사를 기록한 '통사'인 데 반해, 『한서』는 전한 시대만의 역사를 서술한 '단대사'이다. 역사 기술체계 자체는 기전체로서 이후 한 왕조의 역사를 기록하는 '정사正史'의 기본 형식으로 자리 잡았다. 반고가 모종의 사건에 연루되어 옥사한 뒤, 여동생 반소班昭(조대가曹大家라고도 함, 45~117)가 『한서』의 미완성 부분을 마저 써서 완성했다고 한다.

반초도 처음에는 형처럼 학문에 힘썼지만, 이후 "남자라면 부개자傅介子(전한 원제 시대 사람)나 장건張騫(전한 무제 시대 사람)처럼 이역만리로 나가 공적을 세워야 한다"며 용감하게 서역으로 가 자신의 숨겨진 재능을 멋지게 꽃피웠다. 이 눈부신 변신이나 선선국에서 감행한 흉노 섬멸작전을 보면, 반초는 '바로 이때!'라고 생각되는 순간에 무뚝한 배짱으로 밀어붙일 줄 아는 참으로 과단성 있는 인물이었다 하겠다.

◆반초의 전기 『후한서後漢書』「반초전班超傳」_____

반초가 말했다. "호랑이 굴에 들어가지 않으면 호랑이 새끼를 잡을 수 없다. 지금 취할 수 있는 계책은 야음을 틈타 흉노를 불로 공격하는 것밖에 없다. 우리 일행이 몇 인지 그들이 모르게 한다면, 분명 크게 두려워할 것이니 전멸시킬 수 있을 것이다. 이 흉노 일행을 없애고 나면 선선국은 간담이 서늘해질 것이며, 우리의 공도 열매를 맺고 임무 또한 완수할 수 있을 것이다." 사람들이 "종사관 나리와 의논해봐야 한다"고 하자, 반초가 화를 내며 말했다. "잘되고 못되고는 바로 오늘 결판난다. 종사관은 머리가 굳은 문관 나리이니 이 얘기를 들으면 필시 두려워하여 계획을 누설하고 말 것이다. 죽으면서도 아무런 이름을 남기지 못한다면 사내대장부가 아니다."

超曰 : "不入虎穴, 不得虎子. 當今之計, 獨有因夜以火攻虜. 使彼不知我多少, 必大震怖, 可殄盡也. 滅此虜, 則鄯善破膽, 功成事立矣."

衆曰 : "當與從事議之." 超怒曰 : "吉凶決于今日. 從事文俗吏, 聞此必恐而謀泄. 死無所名, 非壯士也."

2. 난세의 영웅과 비평 정신 - 삼국·서진

조조 - '간웅'의 실상 -

정치가, 삼국시대,
155~220

조조曹操(자는 맹덕孟德, 아명은 아만阿瞞)는 간웅奸雄의 면모를 두드러지게 한 여러 전설에 둘러싸인 인물이지만, 실제로는 탁월한 군사전략가이자 수완 좋은 정치가였다. 또한『손자孫子』에 주석을 달 정도로 병법학에 뛰어난 학자이자 전쟁에 나가서도 틈틈이 고양된 감정을 시와 노래로 지어 부른 걸출한 시인이기도 했다. 따라서 조조아빌도 뛰어닌 인물들이 넘쳤던 삼국시대의 여러 인재 중에서도 발군의 존재였다고 말할 수 있다.

정치가로서 조조는 법과 제도를 중시하는 법치주의자

였다. 젊은 시절 후한의 수도인 낙양洛陽의 북부위北部尉 (지금의 경찰서장)에 임명되었을 때, 야간 통행금지령을 엄격히 실시하여 위반자는 몽둥이로 때려죽이게 했다. 당시 권력을 휘두르던 환관의 일족이 이를 위반하자, 그조차 즉시 때려죽인 일도 있었다. 이는 바로 냉혹한 법치주의자 조조의 편린을 보여주는 사건이라 하겠다.

그 뒤 후한 왕조는 사실상 무너지고, 조조는 군웅 중 한 사람으로 두각을 나타낸다. 그는 초평初平 2년(191) 환관파에 반대하는 양심적 지식인 모임인 '청류파淸流派'가 우러러보던 순욱荀彧을 군사軍師로 영입했다. 이 일을 계기로 청류파 지식인들이 조조의 밑에 속속 모여들었고, 조조는 그들을 활용함으로써 단순한 군사정권을 넘어 행정기구를 갖춘 본격적인 정권의 기반을 일찌감치 굳힐 수 있었다.

조조는 순욱 등 참모들의 의견을 받아들여 차근차근 시의적절한 조치들을 취해나갔다. 건안建安 원년(196), 그는 이미 이름뿐이던 후한의 헌제獻帝를 자신의 근거지인 허許 (지금의 허난성 쉬창許昌시)로 맞아들여 그의 후견인이 되었다. 그 4년 뒤인 건안 5년 조조는 '관도官渡 전투'에서 강적 원소袁紹를 격파함으로써 명실공히 정치 및 문화 중심지인 화북華北 지방의 패자霸者가 되었다. 하지만 이 전투에 앞서 가장 먼저 헌제의 깃발을 손에 넣은 시점에 이미 조조는 정치적 판단에서 완전히 원소를 압도하고 있었다고 하겠다. 또한 같은 건안 원년에 조조는 참모들의 진언에 따라 '둔전제屯田制'를 실시했다. 둔전제는 병사들이 전투를 쉬는 사이에 논밭을 경작하여 식량을 자급자족할 수 있도록 하는 방식으로, 전란 속에서 극도의 식량난에 처해 있던 화북 지방의 식량 공급체계를 정비하는 데 상당한 효과를 거두었다.

이렇듯 조조는 차근차근 정치·경제의 내실을 다졌기 때문에, 비록 건안 13년 '적벽赤壁 전투'에 패해 천하 통일을 이루지는 못했어도, 화북 지방에서 그의 정권 자체는 반석처럼 튼튼했다. 조조는 능력 제일주의자이기도 해서 '지금은 난세이므로 설령 행실이 나쁘더라도 유능하기만 하다면 추천하라'는 내용의 포고문을 종종 발표했다. 그 결과 조조의 위魏나라 정권은 유비劉備의 촉蜀이나 손권孫權의 오吳와는 비교가 되지 않을 정도로 문무 양 방면에 걸쳐 다채로운 인재들을 끌어들이는 데 성공했다.

하지만 조조도 만년에 접어들면서 권력욕에 눈이 멀어

그토록 훌륭했던 참모 순욱과 결별했으며, 순욱은 결국 자살로 삶을 마감하고 만다. 이렇게 순욱을 잘라내면서까지 최고 권력을 추구했지만, 결국 조조는 위왕魏王에서 황제에 이르는 마지막 한 계단을 뛰어오르지 못한 채 죽음을 맞고 말았다. 과연 난세의 영웅과 교활한 간웅의 복합적인 모습을 가진 조조다운 최후였다고 말할 수 있을 것이다.

◆조조의 글 「양현자명본지령讓縣自明本志令(식읍食邑으로 받은 현을 사양하며 스스로 뜻을 밝힌 글)」 _____

나라를 위해 적을 토벌하고 공을 세워 후侯에 봉해져 서역을 정벌하는 장군이 되었다가, 그 뒤 묘지명에 '한나라 고故 정서장군 조후의 묘'라고 새겨지기를 희망했으니 이것이 내 뜻이었다.

爲國家討賊立功, 欲望封侯作征西將軍,

然後題墓道言'漢故征西將軍曹侯之墓', 此其志也.

제갈량: 충성으로 일관한 위대한 책사 -

정치가·병법가,
삼국시대,
181~234

후한 말의 난세를 주름잡던 군웅 중 한 사람인 유비劉備(161~223)는 화북 지방을 제패한 조조曹操에게 쫓겨 형주荊州(후베이성)의 지배자 유표劉表 밑으로 도망쳐 들어갔다. 그곳에서 몇 년 동안 때를 기다리며 식객 생활을 했다. 그러던 유비가 비약하는 계기가 된 사건이 바로 건안建安 12년(207) '와룡臥龍'이라 불리던 형주의 재사才士 제갈량諸葛亮(자는 공명孔明)과의 만남이었다. 자신의 초가를 세 번이나 방문한 유비의 '삼고초려三顧草廬'에 감동한 제갈량은 그의 군사軍師가 되었다. 그리고 자신의 지론인 '천하를 삼분하는 계획天下三分之計'에 따른 전략을 전개하여 마침내 유비를 삼국 중 하나인 촉나라의 황제 자리까지 올려놓는 데 성공했다.

제갈량은 훗날 군사전략가로도 수완을 발휘하지만, 원래는 뛰어난 행정 능력의 소유자였다. 정치가로서 그는 유비의 맞수인 조조와 마찬가지로 법과 제도를 중시하는 법치주의자였다. 제갈량이 발군의 행정 능력을 유감없이 발휘한 때는 건안 19년(214), 유비가 촉蜀(지금의 쓰촨성) 지방을 제압한 뒤부터이다. 이때 제갈량은 유비 정권의 기반을 공고히 하기 위해 두 가지 기본 방침을 세웠다. 하나는 원래 촉 지방을 지배하던 유장劉璋의 무책임한 관리체계에 길들여진 벼슬아치와 백성들의 의식을 뜯어고치고자, 철저한 법치정책을 펴서 위반자는 가차 없이 처벌하는 것이었다. 다른 하나는 유장의 구舊 정권 밑에 있던 유능한 인재를 발탁하여 중요한 직책을 부여함으로써 유비 정권의 기초를 튼튼하게 다지는 것이었다. 제갈량의 이러한 인사정책 덕분에 촉의 국내 정세는 금세 정비되었고, 구정권의 관리들도 진심으로 유비를 따르게 되었다.

유비는 촉나라를 세우고 즉위한 다음 해인 장무章武 2년(222), 의형제 관우關羽의 복수를 다짐하며 오나라로 쳐들어갔다가 허망하게 대패하고, 그다음 해 어리석은 아들 유선劉禪을 제갈량에게 부탁하며 숨을 거두었다. 그러나 촉나라는 제갈량의 열성을 다한 노력으로 내정 기반이 이미 확립돼 있었기에 유비가 죽었어도 건재할 수 있었다. 유비가 죽은 뒤에도 제갈량은 대대적인 관개공사를 추진해 농업 생산을 안정시키고, 상공업의 발전을 꾀하기 위해

'촉금蜀錦'이라 불리는 촉 지방의 특산품 비단 생산을 늘려 적대국인 위나라와 오나라에까지 수출하는 등 국력을 충실히 기르고자 여러 방면에 걸쳐 적극적으로 노력했다.

이렇게 만반의 준비를 갖춘 제갈량은 촉나라 건흥建興 3년(225) 남방 정벌에 나서 반항적인 소수민족을 복종시키는 데 성공했다. 이렇게 후방의 걱정거리를 없앤 제갈량은 건흥 5년부터 12년까지 7년 동안 총 다섯 차례(여섯 차례로 계산하는 경우도 있다)에 걸쳐 북벌을 감행하며 초강대국 위나라에 대한 도전을 계속했다. 그중에서도 마지막 제5차 북벌 당시 제갈량은 오장원五丈原(지금의 산시陝西성)의 본진 주변에 둔전屯田을 일구어 식량 확보에 힘쓰면서 장기 주둔에 대비했다. 둔전은 일찍이 조조가 시행했던 것이지만, 제갈량은 적의 장점까지도 확실하게 이용했던 것이다.

하지만 불굴의 각오로 임했던 제5차 북벌도 위나라 장군 사마의司馬懿에게 저지당하면서, 제갈량은 바라던 성과를 이루지 못한 채 가을바람 쓸쓸한 오장원 진영에서 숨을 거두고 말았다. 그의 나이 54세, 정치가로서 또 병법가로서 온몸을 불살랐던 한평생이었다.

◆제갈량의 글「출사표出師表」_____

선제(유비를 가리킴)께서는 제 신분의 비천함 따위를 개의
치 않으시고, 황공하게도 스스로 몸을 낮춰 세 번이나 제
초막을 방문하여 당시 정세에 대해 자문하셨습니다. 이런
연유로 감격하여 선제를 위해 부지런히 일할 것을 약속했
던 것입니다.

先帝不以臣卑鄙, 猥自枉屈, 三顧臣於草廬之中, 咨臣以當世之事.

由是感激, 遂許先帝以驅馳.

화타 - 전설의 명의 -

의사, 삼국시대,
생몰년 미상

화타華佗(자는 원화元化)는 후한 말에 활약한 전설적인 명의이다. 그의 전기는 서진의 역사가 진수陳壽가 지은 『삼국지三國志』「위서魏書」의 「방기전方技傳」에서 확인할 수 있다.

화타 이전에 활약했던 이름난 의사로는 전국시대의 편작扁鵲을 들 수 있다. 『사기』의 「편작전」에 따르면 그는 환자를 한번 척 보면 대번에 병의 원인을 꿰뚫어보는 진단의 명수였다. 증상에 맞는 정확한 처치를 해 죽은 사람을 살려낸 일도 있었다고 한다.

화타도 편작과 마찬가지로 귀신같은 진단 능력의 소유자였지만, 환자의 상태가 약이나 침으로 고칠 수 없을 정도로 악화된 경우에는 적극적인 외과 수술까지도 실시했다. 환자에게 '마비산麻沸散'이라는 마취약을 먹인 뒤 환부를 도려내고 봉합하여 기름 성분이 있는 연고를 발라 마사지해주는 식이었다. 그렇게 하면 며칠 만에 통증이 사라지고 한 달이면 원래 상태로 회복되었다고 한다. 거의 신의 기술이었다고 하겠다. 「방기전」에는 명의 화타의 활약상을 보여주는 일례가 많이 기록되어 있다.

하지만 공교롭게도 화타는 자신의 탁월한 의술이 빌미가 되어 목숨을 잃는 처지가 된다. 그는 『삼국지』의 영웅 조조曹操와 같은 마을(패국沛國의 초譙, 현재의 안후이성 보저우亳州시) 출신으로, 그 의술을 인정받아 두통으로 고생하던 조조의 시의侍醫가 되었다. 하지만 처우에 불만을 품고 마음대로 귀향해버리는 바람에 조조의 역린을 건드려 살해당하고 만 것이다. 그 후 조조는 두통으로 고생할 때마다 "화타가 있었더라면" 하며 후회했다고 한다. 이와 같이 정사正史에 실린 전기를 보면 화타가 조조의 시의였던 사실은 확실하지만, 그 외에 『삼국지』의 주요 인물들과 관련을 맺었던 흔적은 없다.

하지만 시대를 내려와 14세기 중엽인 원말 명초에 나관중羅貫中이 쓴 것으로 알려진 장편소설 『삼국지연의三國志演義』에서는 화타의 활동 범위가 확 넓어진다. 그중에서도 가장 인상적인 것은 촉나라의 장수 관우關羽와 관련한 부분이다.

건안 24년(219), 관우는 조조의 맹장 조인曹仁과 교전을 벌이다 팔꿈치에 독화살을 맞아 위독한 상태에 빠진다. 이때 어디선가 화타가 등장하여 관우의 팔꿈치를 절개한 뒤 독이 스민 뼈를 깎아내는 대수술을 실시한다. 관우는 격심한 통증이 따르는 이 수술을 아무렇지도 않은 듯이 참아내어, 화타로부터 "장군은 신이오!"라는 찬탄을 들었다고 한다.

그로부터 얼마 후 관우는 전투에서 패해 목숨을 잃고, 그의 잘린 머리가 조조의 진영으로 보내졌다. 관우의 머리를 본 조조는 극심한 두통이 생겨 화타에게 진찰을 받게 된다. 그러자 화타는 머리를 절개해 병의 뿌리를 뽑아야 한다는 진단을 내렸다. 그러나 의심 많은 조조는 관우와 친분이 두터웠던 화타가 이를 구실로 자기를 죽이려는 것이라 판단하고, 그를 옥사시키고 말았다.

이런 식으로 유비와 관우를 선한 아군으로, 조조를 악한 惡漢으로 설정해놓은 『삼국지연의』에서는 명의 화타의 활약에도 관우와 관련한 이야기가 포함되는 등 의도적인 조작이 가해져 교묘하게 변조돼갔다. 어쨌든 『삼국지연의』에서 분명히 드러나는 것처럼, 화타의 명성은 시대를 내려오면서 점점 더 높아져 명의의 대명사로 자리 잡았다.

◆화타의 전기 『삼국지』 「방기전」· 화타 ────────

　고을 하급 관리인 예심倪尋과 이연李延이 함께 의원에 왔는데, 둘 다 두통과 발열을 호소해 아픈 데가 똑같았다. 화타가 말하기를 "예심에게는 설사약을 쓰고, 이연에게는 땀 빼는 약을 쓰도록 하라"라고 했다. 어떤 사람이 그 처방이 다른 것을 이상하게 여기자 화타가 말했다. "체질상 예심은 겉이 충실하고, 이연은 안이 충실하다. 그러니 처방이 다를 수밖에 없지." 즉시 각자에게 약을 지어준 결과, 다음 날 아침 두 사람 모두 자리에서 일어났다.

府吏倪尋·李延共止, 俱頭痛身熱, 所苦正同.

佗曰 : "尋當下之, 延當發汗." 或難其異.

佗曰 : "尋外實, 延內實, 故治之宜殊." 卽各與藥, 明旦幷起.

은둔자, 삼국시대,
서진

죽림칠현 - 경쾌했던 자유인들 -

위·촉·오 삼국이 분립해 있던 시대, 가장 큰 세력을 과시한 것은 조조曹操의 자손이 세운 위나라(220~265)였다.

하지만 위나라도 순식간에 쇠퇴하고, 가평嘉平 원년(249) 사마의司馬懿(179~251)가 실권을 장악한 것을 시작으로 그의 장남 사마사司馬師, 차남 사마소司馬昭, 사마소의 아들 사마염司馬炎이 3대에 걸쳐 위 왕조를 찬탈하기에 이른다. 이 다사다난한 왕조 교체기에 일신의 안전을 기하며 자유로운 삶을 추구했던 한 무리의 사람들이 있었다. 그들이 바로 '죽림칠현竹林七賢'이라 불리는 완적阮籍(210~263), 혜강嵇康(224~263), 산도山濤(205~283), 유령劉伶, 완함阮咸, 상수向秀, 왕융王戎(234~305) 등 7인이었다.

그들은 노장老莊 사상의 무위자연을 기치로 삼아 속세의 굴레를 벗어나 은둔하며, 대숲에 모여 술을 마시면서 '청담淸談(철학적인 담론)'과 음악에 심취했다. 죽림칠현의 이 청유淸遊는 정시正始 4년(243) 무렵부터 약 10년 정도 지속되었을 것으로 추정된다. 하지만 이윽고 사마씨가 죽림칠현에게도 벼슬할 것을 요청하며 압력을 가하자 더 이상 대숲에서 한가로이 노닐 수 없는 상황이 된다. 그 요청을 거부하면 완고한 비판 세력으로 낙인찍혀 생명을 보장할 수 없었던 것이다. 인생의 기로에 선 죽림칠현은 이후 각기 다른 삶의 방식을 선택할 수밖에 없었다.

죽림칠현 가운데 출사出仕를 단호히 거부한 이는 오직 한 사람, 혜강뿐이었다. 그의 아내가 조조의 증손이어서 위 왕조와 깊은 관계였던 데다가 혜강 또한 세간에 평판이 높은 명사였기에 사마씨는 그의 존재에 촉각을 곤두세우고 있었다. 하지만 혜강은 사마씨와는 결코 관계하지 않겠다며 경계를 늦추지 않았고, 신중하게 은둔하는 자세를 허물어뜨리지 않았다. 그럼에도 천성인 과격한 성질을 참지 못하고 기어코 사마씨와 충돌했고, 친구의 사건에 연루되어 결국 투옥당한 뒤 처형되고 말았다.

죽림칠현의 좌장 격이었던 완적과 그의 조카 완함, 그리고 유령 세 사람은 단호하게 출사를 거부한 혜강과는 달리 사마씨 밑에서 관료가 되었다. 하지만 술을 진탕 마시거나 기행을 일삼는 등 자신들이 아무런 쓸모도 없는 존재임을 과장해 드러내며 태업을 거듭했다. 이런 식으로 무용한 존재는 곧 무해한 존재임을 사마씨에게 인식시켜 무사히 생명을 보전했던 것이다. 다만 이런 복잡미묘한 줄타기를 의식적으로 수행한 사람은 혜강과 더불어 뛰어난 시인이자 철학자로 알려진 완적뿐이었으며, 천성적으로 경박한 완함과 유령은 그저 무사태평하게 살았던 것으로 추정된다.

반면 죽림칠현의 나머지 세 사람인 산도, 왕융, 상수는 적극적으로 사마씨 정권에 참여했다. 그중 산도와 왕융은 사마씨의 서진西晉 왕조(265~316)에서 중신이 되기까지 했다. 비록 그렇다 하더라도 산도는 혜강이 처형된 뒤 그의 아들을 계속 보살펴주었으며, 왕융은 서진이 쇠퇴하자마자 재빨리 정치에서 손을 떼고 몸을 피했다. 적어도 그들이 취한 처세의 밑바탕에는 사악한 권력과의 동화를 거부하는 죽림칠현의 흔적이 깔려 있음을 알 수 있다.

죽림칠현은 숨통을 조여오는 정세로 말미암아 은둔하여 자유롭게 살아가고자 했던 꿈을 온전히 이루지는 못했다. 그러나 나름의 방식으로 대숲에 모였던 때의 신념을 간직한 채 자신들의 길을 걸어갔다고 할 수 있을 것이다.

◆죽림칠현의 일화 유의경劉義慶, 『세설신어世說新語』

「임탄편任誕篇」 _____

　진류의 완적, 초국의 혜강, 하내의 산도, 이 세 사람은
모두 연배가 비슷한데 혜강의 나이가 조금 적었다. 패국
의 유령, 진류의 완함, 하내의 상수, 낭야의 왕융 또한 이
모임에 참여했다. 이 일곱 사람은 항상 대숲에 모여 실컷
술을 마시며 마음을 달랬다. 그래서 세상에서는 이들을
죽림칠현이라 불렀다.

　陳留阮籍·譙國嵇康·河內山濤三人年皆相比, 康年少亞之.

　預此契者, 沛國劉伶·陳留阮咸·河內向秀·琅邪王戎.

　七人常集于竹林之下, 肆意酣暢. 故世謂竹林七賢.

두예 - 투철한 비판정신 -

서진의 두예杜預(자는 원개元凱)는 뛰어난 군사전략가이자 대역사였다. 두예의 조부 두기杜畿는 조조曹操 정권에서 중신으로 활약하는 한편, 학문을 매우 중시했던 인물이다. 아버지 두서杜恕 또한 관직사회에 발을 들여놓기는 했지만 확고한 신념을 가진 기개 있는 인물로, 위나라 가평嘉平 원년(249)에는 무력 찬탈로 실권을 장악한 사마의司馬懿에게 미움을 받아 유배형에 처해지기도 했다. 하지만 그는 이에 굴하지 않고 유배지에서조차 저술에 힘썼다고 한다.

이렇게 학문을 중시하는 가풍 속에서 자란 두예는 젊은 시절부터 박학다식했다. 그가 28세 되던 해에 아버지가 유배를 당했지만, 일말의 흐트러짐 없이 방대한 서적을 꾸준히 읽어나감으로써 훗날 대역사가로 성장하게 되는 기조를 튼튼하게 닦았다.

두예의 인생은, 위나라 말기 사마의의 사후 실권을 장악한 그의 아들 사마사司馬師, 사마소司馬昭의 누이동생과 결혼하면서 상승 기운을 타게 되었다. 그 후 두예는 조씨의 위나라에서 사마씨의 서진으로 왕조가 교체되는 시기에도 중앙과 지방의 요직을 두루 거쳤다. 그리고 함녕咸寧 4년(278)에는 명장 양호羊祜의 후임으로 형주荊州 지역의 군 총사령관에 임명되어 위·촉·오 삼국 가운데 당시 유일하게 남아 있던 오나라와 대결을 벌이기에 이른다.

바로 이 시점에서 두예의 군사적 재능이 꽃을 피웠다. 그는 무제武帝(사마소의 아들 사마염司馬炎, 재위 265~290)의 신임 아래 안일함에 젖어 있던 중신들의 반대를 무릅쓰고 함녕 6년(280) 오나라에 총공격을 가했다. 그리고 마침내 오나라를 멸망시켰다. 두예야말로 서진이 천하를 통일하는 데 최대의 공로자였던 것이다.

두예는 이 전쟁을 끝으로 사퇴하게 해달라고 무제에게 간청했지만 결국 허락을 얻지 못하고 그 후 4년간 형주의 총사령관으로 재임했다. 그리고 임기가 만료되어 수도 낙양洛陽으로 돌아오던 도중 사망하고 말았다. 향년 63세였다.

중년 이후 화려하고도 경황없이 바쁜 공인으로 살면서도 자타가 인정하는 '좌전벽左傳癖', 곧 『춘추좌씨전春秋左氏

傳』(이하 『좌전』으로 약칭)을 열광적으로 애호하는 취미를 가졌던 두예는 촌음을 아껴가며 『좌전』 연구에 몰두했다. 참고로 『좌전』은 공자가 정리·편찬한 노나라의 연대기인 『춘추』에 좌구명左丘明이라는 사람이 주석을 단 해설서로, 『공양전公羊傳』, 『곡량전穀梁傳』과 더불어 '춘추삼전春秋三傳'으로 불린다. 두예가 저술한 『춘추경전집해春秋經傳集解』는 『춘추』의 '경經(본문)'과 그에 대한 『좌전』의 '전傳(해설)'을 실증적인 방법으로 엄밀하게 대조해 체계적으로 해석한 저서로, 중국의 역사학 확립에 큰 포석布石이 되었다.

두예는 전황을 꿰뚫어보고 합리적인 전략을 세울 줄 아는 유능한 병법가였다. 동시에 공자가 편찬한 『춘추』를 신비화하던 종래 사상의 조류를 배척하고, 역사적 사실을 바탕으로 한 해설서 『좌전』에 입각하여 철저하게 검증하는 등 역사 연구의 방법에 대한 명확한 의식을 가진 탁월한 사학자였다. 틈만 나면 부지런히 소박한 학문 작업에 매달렸던 두예는 청담淸談(철학적 논의)이 유행하고 재치 있는 새사才士늘이 환영받던 화려한 귀족사회 서진의 이단아였다. 그래서 어쩌다 그가 모임에 모습을 드러내면 좌중의 분위기가 썰렁해지곤 했다는 일화도 전하는데, 정말 그랬을 법한 이야기다.

◆두예의 전기 『진서晉書』「두예전杜預傳」 _____

그때 왕제王濟는 말馬을 잘 볼 줄 알고 대단한 말 애호가
였으며, 화교和嶠는 돈을 긁어모으는 데 열심이었기 때문
에, 두예는 평소 "왕제에게는 말벽이 있고 화교에게는 돈
벽이 있다"고 말하곤 했다. 이를 들은 무제가 두예에게 물
었다. "그대에게는 무슨 벽이 있는고?" 두예가 대답했다.
"신에게는 좌전벽이 있습니다."

時, 王濟解相馬, 又甚愛之, 而和嶠頗聚斂, 預常稱 "濟有馬癖, 嶠有錢
癖". 武帝聞之,

謂預曰 : "卿有何癖?"

對曰 : "臣有『左傳』癖."

3. 꽃피는 귀족 문화 - 동진·남북조

정치가, 동진,
267~339

왕도 - 전략적으로 '대범'했던 정치가 -

왕도王導(자는 무홍茂弘)는 서진西晉이 멸망한 후 그 뒤를 이어 강남江南(장강 이남지역)에 성립한 동진東晉(317~420)의 창업 공신이다. 왕도는 '낭야琅邪 왕씨'로 불리는 위나라 이래의 명문 귀족 출신이며, 서진 왕조의 일족인 낭야왕 사마예司馬睿(사마의司馬懿의 증손, 낭야는 지금의 산둥성)와는 젊은 시절부터 친한 사이였다. 영가永嘉 원년(307) 내란과 북방 이민족의 침입으로 서진의 붕괴가 가속화하자, 사마예는 곧바로 막료였던 왕도와 함께 상황을 면밀히 따져본 후 영지인 낭야를 떠나 강남으로 건너갔다. 그리고 건업建鄴(이후 건강建康, 지금의 장쑤성 난징시)을 자신의 근거지로 삼았다.

이때 정치적 수완이 좋은 왕도와 함께 사마예를 지지했던 사람이 군사 방면에 뛰어났던 그의 사촌형 왕돈王敦(266~324)이다. 두 낭야 왕씨는 일치단결하여 행정과 군사 양면에서 사마예 정권의 기반을 확립하기 위해 힘썼다. 그 덕분에 건흥建興 4년(316) 서진이 멸망하자 이듬해에 사마예가 재빨리 원제元帝(재위 317~322)로 즉위하여 강남의 망명 왕조 동진을 세울 수 있었던 것이다. '왕王(왕돈과 왕도)이 말馬(사마예)과 함께 천하를 공유했다'는 표현 그대로, 동진 왕조는 사마씨와 낭야 왕씨의 연합정권 양상을 띠고 탄생했다.

동진 성립 이후, 화북 지방에서 강남으로 피난 오는 사람들이 점점 늘어났다. 이때 왕도는 타고난 유연한 정치적 판단력과 균형 감각을 발휘하여 북쪽에서 온 이주민과 강남 토착민 간의 융화를 꾀함으로써 상이한 집단이 혼재해 있는 동진을 훌륭하게 본궤도에 올려놓았다.

이렇게 잘나가던 왕도를 궁지에 몰아넣은 것은 사촌형 왕돈이 일으킨 반란이었다. 자신의 군사력을 과신하여 동진 찬탈을 노린 왕돈이 영창永昌 원년(322)에 군사를 일으켜 서서히 동진을 압박해왔던 것이다. 동진을 뿌리부터 뒤흔든 왕돈의 난은 그 2년 뒤 왕돈이 진영에서 병사하면서 겨우 종식되었다. 그사이 노련한 왕도는 왕돈에게 동조하지 않은 채, 시종일관 사촌형의 대역죄를 사죄하는 자세를 취했다. 그 덕분에 왕돈의 난 이후에도 의연히 동진 정권의 수뇌부 자리를 지키며 낭야 왕씨의 우위를 유지해 나갔다.

정치가로서 왕도는 앞서 소개한 상앙商鞅, 조조曹操, 제갈량諸葛亮처럼 타협의 여지라고는 조금도 없이 엄격한 정치 수법을 구사했던 사람들과는 완전히 대조적인 유형이었다. 왕도의 방침은 대립과 긴장을 완화하고 이질적인 요소를 포용하여 평온하게 공존시키는 데 역점을 두고 있었다.

위·진 시대 명사들의 일화를 모은 『세설신어世說新語』「정사편政事篇」에는 이런 이야기가 실려 있다. 왕도는 만년에 이르러 한층 더 적당주의가 되어 백성과 관련한 서류 조차도 제대로 보지 않고서 그냥 "좋아, 좋아"라고만 말하게 되었다. 그는 남몰래 한숨을 쉬며 이렇게 중얼거렸다.

"사람들은 내가 그저 일을 대충대충 처리한다고 말들 하지만, 후세 사람들은 분명 내가 이렇게 한 이유를 알아줄 거야." 왕도의 방임주의가 사실은 사람들의 의표를 찌르는 고도의 정치 전략이었음을 보여주는 발언이라 하겠다.

왕도의 포용력 넘치는 정치 아래서 아무런 구애 없이 자유로운 삶을 구가한 동진의 귀족사회에서는 이윽고 세련된 문화가 활짝 꽃을 피웠다. 한마디 덧붙이자면, '서성書聖'으로 유명한 왕희지王羲之는 바로 왕도의 조카이다.

◆ 왕도의 일화 『세설신어』「정사편」─────────

승상(왕도)이 어느 여름날 석두성에 나갔다가 유공을 방문했더니, 유공은 한창 집무 중이었다. 승상이 "날씨도 더운데 대충 하시지요" 하자, 유공이 말했다. "승상께서 일을 돌보지 않는 것을 세상 사람들 역시 옳다고는 여기지 않습니다."

丞相嘗夏月至石頭, 看庾公, 庾公正料事.

丞相云, "暑, 可小簡之."

庾公曰, "公之遺事, 天下亦未以爲允."

서예가, 동진,
307~365

왕희지 - 은둔을 선택한 '서성' -

　　동진의 왕희지王羲之(자는 일소逸少)는 '서성書聖'으로 불리는 서예의 대가이다. 앞서 잠깐 언급했듯이, 그는 삼국 위나라 이래 명문 귀족이던 '낭야 왕씨' 출신으로, 동진 왕조의 최고 공신인 왕도와 왕돈의 조카이기도 하다.

　　왕희지는 입바른 말을 잘하는 사람을 비유적으로 이르는 '골경骨鯁(생선의 가시)'이라 불렸을 만큼 꼬장꼬장한 성격으로, 낭야 왕씨의 희망으로 손꼽혔다. 그의 아내는 왕도, 도간陶侃(도연명陶淵明의 증조부)과 함께 동진 초기의 세 거물 중 한 사람인 치감郗鑒의 딸이었다. 정략적인 결혼이기는 해도 왕희지 부부의 금실은 매우 좋아, 슬하에 7남 1녀를 두고 행복한 결혼 생활을 꾸려나갔다. 왕희지와 더불어 '이왕二王'이라 불리는 서예의 대가 왕헌지王獻之는 그중 일곱째 아들이다.

　　이렇게 사생활이 무척 순조로웠던 반면, 왕희지의 공직 생활은 그리 순탄하지 못했다. 시대의 거친 파도를 순조롭게 넘어갔던 숙부들과는 달리, 태생적으로 귀족이었던 왕희지는 때때로 권모술수도 동원할 줄 알아야 하는 중앙 관리 생활에 도저히 익숙해지지 않았다. 그리하여 영화永和 7년(351), 스스로 지방 근무를 희망하여 수도 건강建康(지금의 장쑤성 난징시)을 떠나 풍광이 아름다운 회계會稽(지금의 저장성 사오싱紹興시)의 태수가 되었다.

그 당시 회계에는 훗날 동진 왕조의 중진이 되는 사안謝安(320~385)을 비롯해 많은 벗들이 은둔하고 있어서, 왕희지는 아무런 거리낌 없이 그들과의 교유를 즐겼다. 왕희지의 글씨 중 최고 걸작으로 손꼽히는 「난정서蘭亭序」는 그런 벗들과의 교유 속에서 탄생한 작품이다. 영화 9년 삼짇날에 왕희지는 회계 산음山陰의 교외에 있는 별장으로 벗들을 초대해 굽이진 시냇물에 술잔을 띄워놓고 순서대로 돌아가며 시를 짓는 '곡수유상曲水流觴' 연회를 열었다. 이때 지은 시를 묶어 『난정시蘭亭詩』를 펴내면서 서문으로 붙인 것이 바로 「난정서」다.

난정 연회가 있은 지 2년 뒤, 왕희지는 49세의 나이로 관계에서 은퇴했다. 태원太原 왕씨 출신의 맞수 왕술王述과의 잇단 충돌에 피로를 느낀 일, 그리고 군사 방면의 실력자 환온桓溫(312~373)이 세력을 강화해 동진 왕조를 압박하기 시작한 정세에 염증을 느낀 일 등이 그가 완전히 관직을 떠나게 된 직접적인 계기였다. 어쨌든 관리 생활에서 벗어나 자유의 몸이 된 왕희지는 이후 흥이 나는 대로 붓을 잡기도 하고, 도교 일파인 천사도天師道의 신자로서 회계의 산속을 두루 돌아다니며 약초를 캐기도 하면서 59세로 세상을 떠나기까지 은둔 생활의 기쁨을 만끽했다.

동진 중기는 비교적 평온하고 안정된 시대여서, 정권을 지탱하던 귀족들 사이에 사교 모임이 번성했고, 그들의 미의식 또한 점점 더 세련되어졌다. 이런 가운데 서화書畵가 예술 장르로 확립되어 서예의 왕희지와 회화의 고개지顧愷之를 필두로 많은 예술가들이 배출되었다. 강남의 망명 왕조 아래서 화려한 예술이 꽃을 피우다니, 역사는 참으로 모순적인 것이다.

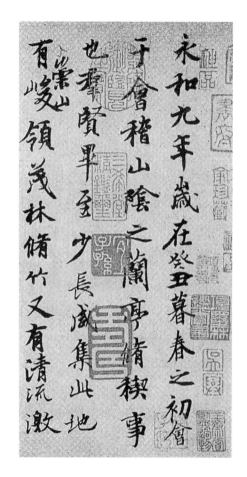

◆왕희지의 글 「난정서」(신룡본神龍本) 일부

영화 9년 계축년 늦봄이 시작될 무렵, 회계군 산음현 난정에 모인 것은 계제사禊祭祀(삼짇날 흐르는 물에 몸을 씻고 신께 재앙을 없애고 복을 내려주기를 기원하는 제사)를 지내기 위함일세. 현명한 이들 전부 자리했고, 젊은이와 늙은이 모두 모였네. 이곳에는 높은 산과 험준한 봉우리, 무성한 숲과 길게 자란 대나무가 있으며, 또한 맑은 시냇물과 격한 여울이 좌우를 빙 둘러 비추고 있구나.(후략)

화가, 동진,
346?~407?

고개지 - '치절痴絶'로 불렸던 천재 화가 -

동진의 고개지顧愷之(자는 장강長康)는 중국 회화 역사상 최초로 이름을 날린 대화가로 손꼽히며 '화성畵聖'이라 불린다. 그의 그림은 그가 살아 있을 때부터 높은 평가를 받아 동시대 인물인 사안謝安은 "고개지의 그림은 인류 역사가 시작된 이래 이제껏 없었던 작품"이라고 극찬했다. 특히 고개지는 모델의 특징을 응축해 표현하는 능력이 뛰어나 인물화에서 최고의 기량을 펼쳤다. 어떤 인물의 초상화를 그리면서 마지막으로 뺨 부분에 털세 가닥을 더 그려 넣었더니 훨씬 생기가 넘쳐 보였다는 일화는 천재 초상화가 고개지의 솜씨를 단적으로 보여준다. 하지만 고개지가 그린 초상화들은 모두 없어져서, 지금은 그 탁월했던 수법을 추억할 수조차 없다. 고개지의 작품 가운데 현재 모사품으로 전해지고 있는 것은 「여사잠도권女史箴圖卷」과 「낙신부도권洛神賦圖卷」 등이 있다.

고개지의 전기에는 불명확한 부분이 많다. 그는 유수의 강남 토착 호족인 고씨顧氏와 연관된 가문 출신으로 보이며, 젊은 시절에는 동진 왕조에 위압적인 존재였던 환온桓溫의 막료가 되어 그에게서 그림과 문장의 재주를 평가받았다. 고개지는 천재 화가이면서 동시에 당시 귀족들의 사교 모임에서 요구되던 재치 있게 임기응변하는 언어 감각도 갖추고 있었다. 그런가 하면 한편으로는 무엇인가에 극단적으로 열중하는 버릇이 있던 기인이기도 해서, 그의 기벽奇癖에 기가 막힌 환온은 "고개지의 몸 안에는 바보스러움과 천재다움이 혼재해 있다. 그것을 섞어 둘로 나누면 딱 좋을 것이다"라는 평을 내리기도 했다. 또한 당시 사람들은 한결같이 고개지를 가리켜 '삼절三絶(세상에서 보기 드문 세 가지 면)'이 있다고 평했다. 삼절이란 '재절才絶(재주가 탁월함)', '화절畵絶(그림 솜씨가 탁월함)', '치절痴絶(바보스러움이 탁월함)'을 가리킨다.

환온이 죽은 뒤 고개지는 환온의 아우이자 그 뒤를 이어 서방의 군사 거점지인 형주荊州의 지도자가 된 환충桓沖, 그리고 환온의 대항마 역할을 수행하여 동진 정권의 실력자가 된 사안 등의 사교 모임에 출입하며 20년 가까운 세월을 보냈다. 그 후 50대 전반에는 당시 형주를 다스리던 은중감殷仲堪의 막료가 되어 후한 대우를 받기도 했다. 환온의 아들인 환현桓玄과 만난 것도 이 시기이다.

환현은 열광적인 서화 수집가였다. 한번은 고개지의 책 궤짝에 들어 있던 그림을 보관해주겠다며 가져갔다가 그림만 오려낸 뒤 돌려준 일도 있었다. 이때 고개지는 "멋진 그림이 신령과 교감해 사라져버렸군!" 하며 환현의 소행임을 의심하는 기색이라곤 없이 덤덤하게 대했다고 한다. 참으로 '치절'이라 불린 인물다운 일화이다. 하지만 유력자들의 사교 모임을 두루 거친 고개지에게는 허투루 볼 수 없는 만만찮은 일면도 있었던 만큼, 환현이 범인인 줄 알면서도 일부러 모르는 척 멍청하게 보이려 했던 것인지도 모른다.

'서성' 왕희지는 명문 귀족 출신이어서 서예를 취미로 느긋하게 즐길 수 있었다. 하지만 그러한 든든한 배경이 없던 고개지는 자신을 후원해줄 유력자를 끊임없이 찾아다니며 그림을 그려야만 했다. 고개지는 말년에 환현이 일으킨 반란이 진압당한 뒤, 훗날 동진을 멸망시키고 유송劉宋(남조 송, 420~479) 왕조를 세운 유유劉裕에게 접근하여 변변찮은 관직을 얻기도 했다. 요컨대 중국 최초의 대화가라고는 하지만, 그림 재주를 팔기 위해 이리저리 떠도는 생애를 보냈던 것이다.

◆고개지의 일화 『세설신어』「교예편巧藝篇」

고장강顧長康(고개지)이 배숙칙裴叔則(배해裴楷)의 초상화를
그릴 때, 뺨 위에 털 세 가닥을 더 그려 넣었다. 어떤 사람
이 그 까닭을 묻자 고개지가 말했다. "배해는 준수하고 명
쾌하며 훌륭한 식견을 가지고 있는데, 이 털 세 가닥이 바
로 그 식견을 나타낸 것이오." 그자가 찬찬히 들여다보았
더니, 과연 세 가닥 털을 더하자 그림에 혼을 불어넣은 듯
하여 그려 넣지 않았을 때보다 훨씬 나음을 알 수 있었다.

顧長康畫裴叔則, 頰上益三毛. 人問其故.

顧曰 : "裴楷俊朗有識具, 正此是其識具."

看畫者尋之, 定覺益三毛如有神明, 殊勝未安時.

동진, 생몰년 미상

사도온 - 귀족사회의 만개한 꽃 -

　중국에서 재주 있는 여성의 대명사로 불리는 사도온謝道蘊은 동진의 대귀족 '양하陽夏 사씨' 가문 출신이다. 그녀의 숙부인 사안謝安은 앞서 잠깐 소개했듯이 동진 중기에 정권의 수뇌부를 차지했던 뛰어난 정치가였다. 양하 사씨는 왕도王導 등을 배출한 '낭야 왕씨' 가문과는 달리 신흥 귀족에 불과했지만, 사안의 활약 덕분으로 단숨에 낭야 왕씨를 능가하는 대귀족으로 성장했다. 상승 가도의 세도가에서 태어난 사도온은 재기발랄하여 커다란 함박꽃 같은 소녀로 성장했다. 쾌활한 성격의 숙부 사안은 일족의 자제들을 모아놓고 이야기 나누는 것을 즐겼는데, 사도온은 예리한 감각을 발휘하여 언제나 그의 주목을 한 몸에 받곤 했다.

　위·진 시기 명사들의 일화 모음집인 『세설신어世說新語』의 「언어편言語篇」에는 이런 이야기가 전한다. 사안이 일족의 자제들과 한창 이야기를 나누고 있을 때, 갑자기 눈이 내리기 시작했다. 사안이 "펑펑 내리는 저 눈은 무엇과 비슷할꼬?"라고 묻자, 한 아이가 대답했다. "소금을 공중에 뿌린 것과 얼추 비슷합니다." 유치하고도 즉물적인 대답이었다. 그러자 사도온이 쓱 나서며 말했다. "버들개지가 바람에 흩날리는 것에 비유함만 못하지요." 무척 아름다운 시적인 비유였다. 사안은 사도온의 대답에 크게 만족하여 흐뭇한 미소를 지으며 즐거워했다고 한다.

그 뒤 사도온은 '서성' 왕희지王羲之의 둘째 아들 왕응지王凝之와 결혼한다. 그런데 왕응지는 세상일에 어둡기 짝이 없는 위인이었다. 그 때문에 머리 회전이 빨랐던 사도온은 숙부 사안에게 "이 세상에 왕서방 같은 사람이 있을 줄은 꿈에도 몰랐어요!" 하며 푸념하는 일이 잦았다고 한다. 한편 사도온은 직선적으로 이야기하는 성격이었다. 태원太元 8년(383) '비수肥水 전투'에서 북방 이민족인 저족氐族의 영웅 부견苻堅이 이끈 전진前秦 군대를 격파하는 공훈을 세우기도 했던 동생 사현謝玄에게도 "너는 어떻게 된 것이 조금도 진전이라곤 없니! 잡무에 시달려서 그런 거야, 아니면 타고난 능력이 그깟밖에 안 되는 기야?"라며 신랄하게 야유를 퍼붓기도 했다.

비수 전투가 있은 지 2년 만에 사안이 사망하자마자 동진 왕조는 쇠망의 길로 들어서기 시작했고, 사도온의 운명도 암울하게 변해갔다. 이미 대들보가 기운 동진에 치명타를 안긴 것은 융안隆安 3년(399)에 발발한 '손은孫恩의 난'이었다. 도교 일파인 오두미도五斗米道의 교조教祖 손은을 우두머리로 한 민중 반란으로, 회계군會稽郡의 태수로 있던, 사도온의 남편 왕응지가 반란군에게 어이없이 살해당하고 말았던 것이다. 이때 사도온은 시녀들에게 가마를 메게 한 뒤 스스로 칼을 휘두르며 저택을 빠져나가 반란군 병사 수 명의 목을 베었다. 그뿐만 아니라 생포된 뒤에도 손은과 당당하게 논쟁을 벌였고, 이에 압도당한 손은은 그녀와 가족에게 감히 손을 대지 못했다. 넘치는 기백으로 위기를 돌파한 사도온은 그 뒤 사람들의 경외를 받으며 평온한 노후를 보냈다고 한다.

사도온은 "정신이 시원시원하여 죽림칠현의 분위기가 있었다"(『세설신어』「현원편賢媛篇」)는 평을 듣는다. 자유롭고 활달하여 무엇에도 주눅 들지 않았던 명랑함으로 보나 세련된 유머 감각으로 보나 사도온이야말로 동진 귀족사회의 정수를 체현한 존재라고 할 수 있다.

◆사도온의 일화 『세설신어』 「언어편」 _____

태부 사안이 눈 내리는 추운 날, 일족의 자제들을 모아 문학에 대해 강론을 벌이고 있었다. 이때 갑자기 함박눈이 내리자 사안이 기쁜 마음에 운을 뗐다. "어지러이 날리는 저 흰 눈을 무엇에 비길꼬?" 사안의 형인 사거謝據의 아들 호아가 말했다. "소금을 공중에 뿌린 것과 얼추 비슷합니다." 형 사혁謝奕의 딸(사도온)이 말했다. "버들개지가 바람에 흩날리는 것에 비유함만 못하지요." 사안이 크게 웃으며 즐거워했다.

謝太傅寒雪日內集, 與兒女講論文義, 俄而雪驟,

公欣然曰 : "白雪紛紛何所似?"

兄子胡兒曰 : "撒鹽空中差可擬."

兄女曰 : "未若柳絮因風起." 公大笑樂.

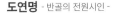

도연명 - 반골의 전원시인 -

시인,
동진·남조 송,
365~427

은둔시인이자 전원시인의 대표 격인 도연명陶淵明(자는 원량元亮, 본명은 도잠陶潛, 연명은 자라는 설도 있다)은 동진에서 남조 송대에 걸쳐 살았다. 그의 증조부 도간陶侃은 군사적 재능이 뛰어났으며, 멸망한 서진의 명맥을 이어 강남에 성립했던 동진 왕조의 초기 실력자 중 한 사람이었다. 검약했던 도간은 만년에 이르러 황제를 능가할 정도로 막대한 부를 축적했지만, 그의 가문은 대를 내려오면서 영락하여 도연명 대에 이르러서는 완전히 빈핍한 상태가 되었다.

도연명은 심양군潯陽郡의 시상현柴桑縣(지금의 장시江西성 주장九江시)에서 태어났다. 그는 소년 시절부터 독서에 힘쓰고 집안의 농사일을 거들며 나날을 보냈다. 도연명은 태원太元 18년(393) 29세 때 생계를 위해 지방의 관리를 지낸 이래 출사와 사임을 거듭했다. 하지만 의희義熙 원년(405) 41세 때 "겨우 쌀 닷 되를 얻자고 시골 말단 관리에게 허리를 굽힐쏘냐!"라며 팽택현彭澤縣(지금의 장시성) 지사 자리에서 물러난 것을 마지막으로 고향으로 돌아왔다.

고향에서 도연명은 죽을 때까지 20여 년 동안 문자 그대로 맑은 날에는 밭 갈고 비 오는 날에는 책 읽으며晴耕雨讀, 가난과 싸우면서도 여유로운 마음으로 은둔 생활을 이어나갔다. "돌아가자! 전원이 황폐해지려 하니 어찌 돌아가지 않으리!"라며 은둔의 결의를 표명한 장편 시「귀거래사歸去來辭」를 쓴 때가 바로 의희 2년, 팽택현 지사를 사임하고 귀향한 다음 해였다.

이렇게 도연명이 은둔 생활에 접어든 무렵부터 시대 분위기는 심상치 않게 변해갔다. 이미 대들보가 기운 동진왕조는 시간이 갈수록 멸망의 조짐을 드러냈고, 말단 병사에서부터 출발해 군사력을 장악한 유유劉裕가 세력을 강화하여 정권 찬탈을 노리기 시작했던 것이다. 도연명이 은둔한 지 15년 뒤인 영초永初 원년(420), 주도면밀하게 준비해온 유유는 마침내 동진을 멸망시키고 즉위하여 남조송나라를 세운다.

도연명은 무명 시절 유유와 동료로 지낸 적이 있었다. 게다가 그의 증조부 도간은 동진의 일등 공신이었다. 이런 여러 가지 요인이 서로 얽혀 도연명은 유유가 동진을 멸망시킨 것을 용인할 수 없었고, 따라서 자신의 작품에 절대로 송나라 연호를 쓰지 않았다. 미약하지만 완강한 저항의 표시였다.

초야에 은둔하긴 했어도 도연명에게는 아내와 자식 다섯에 하인들까지, 딸린 부양가족이 많았다. 그는 자식들이 하나같이 변변찮다는 둥 입에 풀칠할 것도 없다는 둥 푸념을 늘어놓았지만, 그 궁핍함의 반대급부로 틈만 나면 책 읽기와 시 짓기에 빠져드는 등 무엇에도 구속받지 않는 시간과 정신적 자유를 얻었다.

현재 남아 있는 도연명의 시는 약 130수다. 그 절반가량에는 술에 관한 구절이 포함되어 있으니 "작품마다 술이 있다篇篇有酒"는 말이 딱 들어맞는다. 술을 사랑하며 "동쪽 울 밑에서 국화꽃 꺾어 들고, 여유로운 마음으로 남산을 바라보는" 유유자적한 경지에 노닐었던 도연명. 하지만 그의 마음 깊은 곳에는 일찍이 동료였던 유유가 왕위를 찬탈한 시대 상황에 대한 굴절된 분노와 완강한 저항 의지가 숨어 있음을 간과해서는 안 될 것이다.

◆도연명의 시 「음주飮酒 20수」중 제5수 _____

초막집 짓고 사람들 속에 살아도

시끄러운 말과 수레 소리 없어라.

묻노니, 어찌하면 그럴 수 있소?

마음이 세상에서 멀어지니 절로 그렇다오.

동쪽 울 밑에서 국화꽃 꺾어 들고

여유로운 마음으로 남산을 바라보네.

산 기운은 해 질 녘에 아름다운데

날던 새는 짝지어 돌아오는구나.

이 가운데 진정한 뜻 있어라!

말하려니 이미 말을 잊었노라.

結廬在人境, 而無車馬喧. 問君何能爾, 心遠地自偏.

采菊東籬下, 悠然見南山. 山氣日夕佳, 飛鳥相與還.

此中有眞意, 欲辯已忘言.

안지추 - 인생 유전 속에서 남긴 가훈 -

문장가,
남조 양·수,
531~591

『안씨가훈顔氏家訓』의 저자 안지추顔
之推(자는 개介)는 격동하는 시대의 파도
에 휩쓸리며 온갖 고초를 겪은 인물이
다. 동진의 공신이었던 선조 이래로,
안씨 일족은 학문을 중시하는 검소하고 견실한 남조 귀족
으로서 동진, 송, 제, 양으로 이어지는 어지러운 왕조 교체
기를 어렵사리 헤쳐나왔다.

안지추는 양나라 무제武帝(재위 502~549) 시대에 태어났
다. 무제는 남조에서 제일가는 명군이었지만 만년에는 극
도로 쇠약해졌다. 그리하여 북조北朝(북방의 이민족 왕조)의
동위東魏에서 귀순한 장수 후경侯景이 548년 재차 반란을
일으켜 수도 건강建康을 제압했을 때, 굶어 죽는 것과 진배
없는 상태로 숨을 거두었다. 하지만 후경이 뜻을 펼 수 있
었던 기간도 길지는 않았다. 552년 형주荊州(지금의 후베이
湖北성)를 거점으로 삼은 무제의 일곱째 아들 소역蕭繹에게
곧 멸망당하고 말았던 것이다. 그 뒤 즉위하여 원제元帝가
된 소역은 수도인 건강으로 옮겨가지 않고 자신의 거점인

형주의 강릉江陵을 수도로 삼아 자리 잡았다.

안지추는 원제가 즉위하기 전부터 그를 섬기고 있었다. 그래서 551년 21세 때 형주로 쳐들어온 후경 군대에 포로로 잡혀 건강으로 연행되는 고통을 경험하기도 했다. 후경이 전쟁에 패해 죽은 뒤, 안지추는 형주로 돌아와 애서狂愛書狂이던 원제의 장서를 정리하고 분류하는 문화 관료로 활약했다. 하지만 554년 북조 계열인 서위西魏 군대의 공격을 받아 수도 강릉이 함락되고 원제가 살해되는 상황 속에서, 그는 또다시 처자식과 함께 포로가 되어 서위의 수도인 장안長安(지금의 산시陝西성 시안西安)으로 압송된다.

그 뒤로도 안지추의 인생 유전은 계속됐다. 557년 강남 귀환을 목표로 가족들을 이끌고 서위를 탈출했지만, 뜻한 바를 이루지 못하고 북제北齊(동위의 후신)에 몸을 기탁하는 딱한 신세가 되었던 것이다. 북제에서 이런저런 곡절을 겪으며 한족漢族 관료로 살아가기를 어느덧 20년, 그는 또다시 궁지에 몰리게 된다. 577년 북제가 북주北周(서위의 후신)에 멸망당해, 자신이 20년 전 필사적으로 탈출했던 장안으로 다시 강제 이주를 당하고 만 것이다.

북주는 이 시점에서 북중국을 통일했지만 얼마 후 외척

양견楊堅에게 멸망당하고 만다. 훗날 양견이 즉위하여 수隋나라 문제文帝가 되며, 589년 남조의 최후 왕조인 진陳을 멸망시키고 중국 전역을 통일하기에 이른다. 그동안 안지추는 장안에서 여생을 이어가다가 수나라가 천하를 통일한 2년 뒤 조용히 세상을 떠났다고 한다. 향년 61세, 참으로 굴곡진 삶이었다.

안지추는 남조의 양, 북제, 북주, 수로 이어지는 네 왕조를 편력하고 세 왕조의 멸망을 몸소 겪으면서, 자손들에게 남기는 훈계 형식을 빌려 전 20권에 달하는 『안씨가훈』을 한 자 한 자 써내려갔다. 『안씨가훈』은 남북조 시대상의 분석에서 학문론과 언어론에 이르기까지 그 내용이 다방면에 걸쳐 있는데, 명석한 문장과 어울려 가히 고금의 걸작이라 할 만하다. 안지추가 목숨을 바쳐 글로 남긴 『안씨가훈』의 효과가 있었던지, 그의 자손 가운데서 뛰어난 인재 두 명이 출현한다. 한 명은 안지추의 손자인 대역사학자 안사고顏師古(581~645)이고, 다른 한 명은 그의 6대손인 대서예가 안진경顏眞卿(709~785)이다. 평생 이리저리 떠돌아다녀야만 했던 안지추도 이로써 저세상에서 편히 눈을 감을 수 있었을 것이다.

◆안지추의 글 『안씨가훈』「면학편勉學篇」

　학식이 있는 사람은 어디를 가든 안심할 수 있다. 난리 (후경의 난)가 일어난 이래 많은 사람들이 포로가 되었다. 비록 백 년 동안 조상 대대로 신분이 비천했다 하더라도 『논어論語』와 『효경孝經』을 읽을 줄 아는 사람은 하다못해 남을 가르치는 선생이라도 되었다. 반면 천 년 넘게 조상 대대로 귀족이었다 하더라도 읽고 쓸 줄을 모르는 사람은 전부 밭 갈고 말 먹이는 일을 하게 되었다. 이런 예들을 볼 때, 어찌 학문을 열심히 갈고닦지 않을 수 있겠는가? 항상 책 수백 권을 보유할 수 있다면, 천 년이 지나도 결코 낮은 신분으로 전락하는 일은 없을 것이다.

　有學藝者, 觸地而安. 自荒亂已來, 諸見俘虜.

　雖百世小人, 知讀『論語』·『孝經』者, 尙爲人師 ;

　雖千載冠冕, 不曉書記者, 莫不耕田養馬. 以此觀之, 安可不自勉耶?

　若能常保數百卷書, 千載終不爲小人也.

제2장
통일 왕조의 흥망

- "백발이라 삼천 장은 시름 때문에 이리 길었네"

- 이백의 시에서

1. 정치와 시의 세계 - 당·오대 -

황제, 당,
624~705

측천무후 - 가공할 카리스마 -

400년간 이어진 위·진 남북조의 난세에 종지부를 찍고 중국 전역을 통일한 것은 북조北朝(북방 이민족계 왕조) 계열인 수隋나라(581~618)였다. 하지만 수나라는 천하를 통일한 지 채 40년도 못 되어 멸망하고, 그 뒤를 이어 성립한 같은 북조 계열의 당唐나라(618~907)는 약 300년간 지속된 대왕조가 되었다. 당나라 번영의 기초를 다진 사람은 제2대 황제인 태종太宗(재위 626~649)이다.

중국 역사상 유일무이한 여성 황제가 된 측천무후則天武后는 원래 태종의 후궁이었다. 태종의 재위 기간에 조용히 때를 기다리던 측천무후는, 태종이 죽은 후 즉위한 태종의 아들 고종高宗(재위 649~683)의 사랑을 한 몸에 받으면서 단숨에 권력의 한 축을 이루게 된다.

대단한 야심가였던 측천무후는 주도면밀하게 술책을 짜 황후 왕씨王氏를 폐위시키고, 영휘永徽 6년(655) 공식적으로 황후 자리에 올랐다. 이때 그녀의 나이 32세였다.

사실 이 황후 교체는 정치적으로도 중대한 의미가 있었다. 당시 북조의 귀족 출신인 황후 왕씨를 지지한 세력은 예전부터 정치기구의 요직을 차지하고 있던 세습 귀족층이었다. 반면 측천무후를 지지한 세력은 문벌과 관계없이 과거 시험에 합격해 관직에 들어온 신흥 관료층이었다. 측천무후의 아버지 역시 목재 투기로 벼락부자가 되어 장사꾼에서 지방 장관으로 변신한 신흥 관료였다. 이 두 세력은 격렬한 권력투쟁을 벌였고, 그 끝에 측천무후파가 승리를 거뒀던 것이다. 이는 그녀를 후원한 신흥 관료층이 세습 귀족과 군벌로 이루어진 구세력을 제압하여 새로운 시대가 도래했음을 고하는 사건이었다.

역사의 전환을 체현하는 존재였던 측천무후는 발군의 정치력으로 병약하고 무능한 고종을 대신해 차츰 국정을 좌지우지하게 되었다. 그리하여 홍도弘道 원년(683) 고종이 죽자 두 아들을 차례로 중종中宗과 예종睿宗으로 즉위시켜 꼭두각시로 삼는 한편, 혹독한 관리들을 비밀경찰로 동원해 반대 세력을 차례차례 숙청하며 황제가 될 준비를 해나갔다. 측천무후에게는 사람을 압도하는 면이 있어서, 원래부터 백성들에게도 무척 인기가 좋았다. 재초載初 원년(690), 67세의 측천무후는 마침내 즉위하여 주周 왕조를 세웠다. 이 무주武周 혁명('무'는 측천무후의 성씨)으로 이씨의 당 왕조는 잠시 명맥이 끊기게 된다.

문벌주의를 타파한 개혁가, 권력을 탈취하기 위해 수단과 방법을 가리지 않은 음모자 등 측천무후에게는 여러 가지 얼굴이 있다. 또한 그녀는 합리적이고 유능한 대정치가임과 동시에 극단적인 신비주의자이기도 했다. 위대한 여인이었지만 어쩐지 음침하기도 했던, 복합적인 요소를 두루 가진 인물이었던 것이다. 이렇게 합리와 비합리가 뒤섞인 복합성은 그녀의 이미지를 더욱 신비롭게 만들었다.

아시만 누구노 쉬이 범접할 수 없는 묘한 힘을 가졌던 황제 측천무후의 최후는 참담했다. 신룡神龍 원년(705), 퇴위당한 아들 중종을 추대한 반란이 일어나자 병상에 누워 있던 그녀는 그대로 양위할 수밖에 없었던 것이다. 이렇게 해서 당 왕조는 부활했고, 측천무후의 주 왕조는 겨우 15년 만에 사라지고 말았다. 그로부터 10개월 뒤, 측천무후는 파란만장한 생애를 마쳤다. 향년 82세였다.

◆측천무후의 전기 『구당서舊唐書』 「측천무후본기則天武后本紀」 ────────────────

영휘 6년에 황후 왕씨를 폐하고 무신비를 황후로 세웠다. 고종은 천황天皇으로 칭하고, 무후 또한 천후天后로 칭했다. 무후는 원래 지략이 뛰어난 데다 문학과 역사에 대한 지식도 겸비했다. 고종은 현경顯慶 연간 이후 여러 번 중풍으로 고생했기 때문에 여러 부서에서 올리는 상주문들은 모두 무후가 처리하게 되었다. 이때부터 무후가 국정을 보좌하기 수십 년, 그 위세가 황제와 다를 바 없었으니 당시 사람들은 고종과 무후를 가리켜 '이성二聖', 즉 두 성인이라고 불렀다.

永徽六年, 廢王皇后而立武宸妃爲皇后. 高宗稱天皇, 武后亦稱天后. 后素多智計, 兼涉文史. 帝自顯慶已後, 多苦風疾, 百司表奏, 皆委天后詳決. 自此內補國政數十年, 威勢與帝無異, 當時稱爲二聖.

이백 - 꿈을 좇는 방랑자 -

시인, 당,
701~762

성당盛唐(710~765, 문학사에서는 당나라를 초당初唐, 성당, 중당中唐, 만당晩唐의 네 시기로 나눈다-역자 주) 시기의 대시인 이백李白(자는 태백太白)의 생애는 갖가지 전설로 채색되어 있다.

촉蜀(지금의 쓰촨성) 지방의 부유한 상인 집안에서 태어난 그는 어려서부터 학문에 뛰어났으며, 시와 문장을 짓는 재능도 발군이었다. 하지만 당나라 때는 과거제도가 채 정비되지 않아 상인 계층은 시험을 치를 수 없었다. 이 때문에 이백은 넘치는 재능을 가졌으면서도 정식 관문을 거쳐서는 관직에 오를 수가 없었다. 이것이 이백의 생애를 좌우했음은 부인할 수 없는 사실이다.

벼슬길이 원천적으로 막힌 이백은 10대 후반부터 20대 초반까지 촉 지방의 각지를 방랑하며, 수행 중인 도사道士(도교의 승려)와 산속에서 함께 지내는 등 마음 내키는 대로 생활했다. 이 시기에 시작된 방랑벽은 그의 일생을 따라다니게 된다. 그러다 개원開元 12년(724) 24세 때 아버지에게서 거액의 자금을 지원받아 여러 나라를 도는 유람을 시작했고, 먼저 풍광이 아름다운 강남 각지를 두루 돌아보았다. 이 유람에는 두 가지 목적이 있었다. 하나는 그의 타고난 방랑벽을 만족시키는 것이었고, 다른 하나는 관직에 나가 뜻을 펼칠 과거 시험 이외의 방법을 모색하는 것이었다. 요컨대 이백은 일생 동안 방랑·은둔 지향적인 면과 출세 지향적인 면의 양극단을 오갔던 것이다.

강남 이곳저곳을 떠돈 지 3년여, 이윽고 이백은 안륙安陸(지금의 후베이湖北성)에 머무르며 왕년에 재상을 지낸 허어사許圉師의 손녀딸과 결혼한다. 하지만 허어사가 재상을 지내던 시절의 영광은 이미 흘러간 과거의 것이어서, 관직에 나가길 기대했던 이백의 든든한 배경이 되어주지는 못했다. 그 결과 이백의 방랑벽은 더욱 심해져, 개원 28년(740) 아내 허씨가 죽을 때까지 안륙을 거점 삼아 북으로 남으로 중국 각지를 떠돌았다.

아내의 사후에도 은둔과 방랑을 거듭하던 이백은 천보天寶 원년(742)에 아주 뜻밖의 인연으로 오랫동안 바라 마지않던 출세의 기회를 잡게 된다. 친구로 지내던 한 도사道士가 추천해준 덕분에 현종玄宗(재위 712~756)의 부름을 받게 된 것이다.

이리하여 수도 장안으로 오게 된 이백은 하늘에서 인간 세상으로 귀양 온 신선이라는 뜻의 '적선인謫仙人'으로 칭송되며 사람들의 주목을 한 몸에 받았다. 현종 또한 이백을 마음에 들어해 측근에 두었다. 그러나 자유분방한 이백에게 황제의 비위를 맞추는 궁정 문인의 역할은 도저히 감당하기 힘든 것이었다. 게다가 노령에 접어든 현종은 양귀비楊貴妃와 환락에 빠져 있었고, 그 측근들은 온통 비열한 소인배뿐이었다. 이에 완전히 실망한 이백은 출세를 향한 그 간절했던 소망도 잊고, 엉망으로 술에 취해 현종이 총애하는 환관 고력사高力士에게 자기 신발을 벗기게 하는 등 방약무인한 광태를 거듭했다. 그러다 냉큼 사직서를 던지고 장안을 떠나버리기에 이르렀다. 결국 이백이 현종 조정에서 벼슬한 기간은 1년 수개월에 지나지 않았다.

이리하여 이백은 방랑과 편력의 생활로 돌아갔고, 그렇게 나름대로 충실한 나날을 보냈다. 관직을 떠난 11년 후인 천보 14년에 현종이 신임하던 무장 안녹산安祿山과 사사명史思明이 일으킨 안사安史의 난에 연루되어 투옥당하기도 했지만, 다행히도 사면되어 무사히 풀려날 수 있었다. 그 3년 뒤인 보응寶應 원년(762) 병으로 숨을 거두니, 이백의 나이 62세였다. 한창 뱃놀이를 하던 도중 물에 비친 달을 따려다가 배에서 떨어져 죽었다는 설도 있다. 항상 못다 이룬 꿈을 좇았던 이백다운 전설이라 하겠다.

◆이백의 시 「추포가秋浦歌」 중 제15수 _____

백발이라 삼천 장은
시름 때문에 이리 길었네.
알 수 없구나, 거울 속 내 모습
허연 가을 서리는 어디서 맞았는지.

白髮三千丈,

緣愁似箇長.

不知明鏡裏,

何處得秋霜.

서예가, 당,
709~785

안진경 - 강직한 대서예가 -

당나라의 안진경顔眞卿(자는 청신淸臣)
은 왕희지王羲之의 뒤를 잇는 대서예
가로 알려져 있다. 그는 남북조 말기
에 온갖 풍상을 겪으며 『안씨가훈顔氏
家訓』을 남긴 안지추顔之推의 6대손이다. 학문을 중시하는
안씨 집안의 가풍은 대대로 전해 내려왔으며, 거기에 더해
안진경의 증조부 대 이후로는 서예를 중시하여 조부, 부
친, 형제에 이르기까지 모두 글씨에 능했다. 이처럼 지적·
예술적으로는 무척 높은 수준을 자랑하던 안씨 집안이었
지만, 경제적으로는 풍족하지 못해 살림살이는 대단히 검
소했다.

그런 까닭에 안진경도 다른 변변찮은 집안, 즉 한문寒
門 출신의 수재들과 마찬가지로 과거에 도전하여 개원開
元 25년(737) 29세의 나이에 합격해 관계에 진출했다. 그는
차례차례 승진을 거듭해 요직을 두루 거치며 강직한 강직
파 관료로 활약했다.

그러던 중 천보天寶 12년(753) 45세 때, 현종玄宗의 총애

를 받던 양귀비楊貴妃의 친척으로 당시 재상이 되어 권력을 휘두르던 양국충楊國忠에게 밉보이는 바람에 지방으로 좌천되어 평원군平原郡(지금의 산둥성)의 태수가 된다. 이 사건이 안진경에게는 일대 전기가 되었다.

그가 평원에 부임한 지 2년이 지난 천보 14년 11월, '안사의 난'이 발발하자 오늘날의 허베이, 산둥 지역 군현들은 강력한 군사력을 가진 안녹산에게 겁을 먹고 곧바로 그의 세력 밑으로 들어갔다. 하지만 안진경과 상산군常山郡(허베이성) 태수였던 그의 사촌형 안고경顔杲卿은 결사 항전의 자세로 의용군을 모집하여 안녹산 군대에 맞서 과감하게 싸움을 벌여나갔다.

얼마 후 안고경은 안녹산 군대에 포위당한 채 패해 참혹하게 처형되었지만, 수개월에 걸쳐 그대로 고립무원의 전투를 이어가던 안진경은 천보 15년 11월 함락 직전에 가까스로 평원군을 탈출했다. 요컨대 안사의 난이 발발한 때로부터 만 1년 동안 안진경은 압도적 열세를 무릅쓴 채 항전을 계속했던 것이다. 이 불굴의 분전 덕분에 안진경에 대한 후세의 평가는 대단히 호의적이다.

하지만 그 후 정작 안진경 본인의 인생은 결코 편안하지 못했다. 평원군을 탈출한 그는 현종이 퇴위한 뒤 봉상鳳翔(산시陝西성)에서 즉위한 숙종肅宗에게 달려갔다. 그리고 안사의 난이 어느 정도 수습되자 숙종을 따라 장안으로 돌아와 요직에 앉았다. 이후 숙종, 대종代宗, 덕종德宗의 세 황제 밑에서 벼슬을 살기는 했지만, 맹위를 떨치던 환관이나 중신들과 종종 충돌하여 지방으로 좌천되기 일쑤였다.

이렇게 좌천과 복귀를 거듭하던 끝에 건중建中 3년(782)에는 그를 적대시하던 중신의 계략에 말려들어 반란을 일으킨 절도사節度使(군정장관) 이희열李希烈에게 사신으로 파견되기에 이른다. 이 사건은 결국 안진경을 죽음으로 몰고 갔다. 이희열 측에 3년간 구금당했다가 끝내 살해되고만 것이다. 그의 나이 77세였다.

안진경은 일생을 통해 의연하고도 강직한 삶을 살았다. 그의 글씨는 다부지고 골격이 큰 해서체나, 거리낌 없이 자유분방한 행서·초서체나, 왕희지의 우아하고 아름다운 필체와는 달리 그의 삶의 태도를 빼닮은 기백이 넘쳐 흐른다. 글씨가 곧 그 사람인 깃이다. 새싱에 보기 드믄 불굴의 생애에 대한 감탄이 상호 작용하여 안진경의 글씨는 후세 서예가들에게 이루 다 헤아릴 수 없는 큰 영향을 끼쳤다.

◆안진경의 글씨 「죽산당연구시첩竹山堂連句詩帖」 일부

시인, 당,
772~846

백거이 - 성실 그 자체의 '위대한 상식인' -

중당中唐(766~835) 시기의 대시인 백
거이白居易(자는 낙천樂天)는 당현종과 양
귀비의 화려한 사랑을 노래한 「장한가
長恨歌」로 유명하다. 그는 비록 보잘것
없는 집안인 한문寒門 출신이었으나 어릴 적부터 빼어나
게 총명했다.

당시 한미한 집안의 수재들이 관직에 진출하기 위해서
는 등용문登龍門인 과거에 반드시 합격해야만 했다. 그에
따라 백거이도 과거 공부에 힘을 기울였다. 그 결과 29세
로 진사과進士科(과거 과목 중 하나)에 합격하고, 3년 뒤에는
다시 상급 관리 임용시험에 수석으로 합격했다.

이후 백거이는 궁중 서적을 관리하는 비서성秘書省의 교
서랑校書郎이 되어 염원하던 관직사회 진출에 성공한다.
고명한 시인이자 소설가인 원진元稹(779~831) 또한 같은 시
기 상급 관리 임용시험에 합격해 교서랑이 되었기에, 이
를 계기로 두 사람은 일생을 함께하는 벗이 되었다. 더 높
은 곳으로 비약을 꿈꾸던 두 사람은 3년 뒤인 원화元和 원

년(806)에 특별 임용시험인 '제거制擧'에 도전하여 원진이 수석, 백거이가 차석을 차지하는 훌륭한 성적으로 합격했다. 이때 백거이의 나이 35세였다.

이리하여 백거이는 고급 관료의 길을 걷기 시작했다. 하지만 그는 결코 신분 상승 욕구에 눈먼 출세 지향주의자가 아니었다. 그러기는커녕 황제에게 직접 고할 수 있는 위치에 서자, 종종 탐욕스러운 환관이나 악덕 관료를 엄정하게 규탄하곤 했다. 그뿐만 아니라 백거이는 무거운 세금과 강제 노역으로 고통받는 민중의 생활에 아픔을 느껴, 악덕 정치를 비판하는 '풍유시諷諭詩'를 많이 지었다. 스스로 팔을 부러뜨려 가혹한 징병을 피하는 노인의 모습을 노래한 장편 시「신풍절비옹新豊折臂翁」이 대표적이다.

백거이의 이러한 비판적 태도는 어딘가 켕기는 구석이 있던 중신이나 유력자들의 반감을 샀다. 그 때문에 원화 10년 44세 때 장안에서 추방되어 강주江州(지금의 장시江西성 주장九江시)의 지방 관리로 좌천되고 말았다.

하지만 백거이는 전혀 좌절하지 않고 아내와 함께 강주로 부임해 초당草堂을 짓고, 전원생활을 즐기며, 시 짓는 일에 힘을 쏟았다. 아내 양씨楊氏는 명문가 출신이었지만 총명하고도 온화해 백거이에게는 최고의 여성이자 이상적인 아내였다. 권력자의 부정부패에 과민할 정도로 반응했던 백거이가 자신의 대표작 「장한가」에서 현종의 타락 원인이기도 한 양귀비에게 비판은커녕 칭송만 늘어놓은 것은, 마침 그녀와 성이 같은 아내 양씨의 이미지를 중첩시켰기 때문이라는 재미난 주장도 있다.

원화 15년(820), 상황이 호전되어 다시 부름을 받고 조정으로 돌아온 백거이는 이후 회창會昌 2년(842)에 71세로 은퇴할 때까지 계속 관계에 몸담으며 고위직을 지냈다. 이전처럼 대쪽 같은 모습은 보이지 않았으나 그렇다고 시류에 영합하는 일도 없이, 여유로운 문인 관료로서 살아갔다.

요컨대 백거이는 가정을 사랑하고 원진을 비롯한 많은 벗들과 우정을 나눈, 성실 그 자체의 '위대한 상식인常識人'이었다. 그가 쓴 시의 풍격 또한 평이하기 그지없어서 폭넓은 계층의 사람들로부터 사랑을 받았다. 백거이는 시를 지을 때마다 문자늘 모르는 노파에게 들터준 뒤, 그녀가 알아듣지 못하는 부분은 알아들을 때까지 고쳐 썼다고 한다. 죽을 때까지 서민적 감각을 중요시했던, 위대한 상식인에 걸맞은 일화라 하겠다.

◆백거이의 시「중제重題」_____

해가 중천에 떴건만 일어나기 싫구나.

작은 누각에 두꺼운 이불 덮었으니 추운 줄 모르겠네.

유애사遺愛寺 종소리는 베개 돌아 듣고

향로봉香爐峰 쌓인 눈은 주렴 걷고 바라본다.

광유匡裕가 살았던 여산은 이름 숨기고 살 만하고

사마司馬 또한 노년 보내기엔 좋은 관직일세.

마음 편하고 몸 편한 이곳이 바로 귀의처니

고향이 어찌 장안뿐일쏘냐!

日高睡足猶慵起, 小閣重衾不怕寒.

遺愛寺鐘欹枕聽, 香爐峰雪撥簾看.

匡廬便是逃名地, 司馬仍爲送老官.

心泰身寧是歸處, 故鄉何獨在長安.

어현기 - 비극의 여성 시인 -

시인, 당,
843?~868?

중국 고전 시가의 황금기인 당나라 때는 이백과 두보杜甫(712~770)를 필두로 걸출한 시인들이 배출되었으며, 뛰어난 여류 시인들도 출현했다. 설도薛濤(768?~832?)와 어현기魚玄機는 그 대표적인 존재다. 설도는 성도成都(쓰촨성)의 유명한 기녀였고, 어현기는 장안 기방의 양녀였다고 하니, 둘 다 화류계 출신이었다.

당나라 명기名妓에게는 시를 짓는 소양이 필수적이었다. 지위와 교양을 갖춘 남성들은 재색을 겸비한 명기와 재치 있는 대화를 나누고 시를 주고받으며 더할 수 없는 기쁨을 느꼈다. 이러한 분위기 속에서 기녀 시인이 잇따라 탄생했고, 그중 설도나 어현기같이 빼어난 여성 시인도 등장했던 것이다. 설도는 그의 삶이나 시의 풍격이 지극히 평온했던 반면, 어현기는 그와 대조적으로 격렬한 삶을 밟았고 시풍 또한 대담했던 것이 특징이다.

당나라가 몰락의 길을 걷던 만당晚唐(836~907) 시기에 태어난 어현기는 어려서 장안의 한 기방에 수양딸로 들어갔다. 총명한 어현기가 책을 즐겨 읽고 시를 잘 짓자, 그녀가 '요금수搖金樹(돈이 열리는 나무)'임을 알아본 양부모는 가정교사를 붙여 시詩 작법을 가르치는 등 그녀에게 투자를 아끼지 않았다.

발군의 시적 재능을 지닌 아름다운 소녀로 자란 어현기는 장안 명사들의 주목을 한 몸에 받으며 화려한 나날을 보냈다. 하지만 언제까지나 여러 남자를 전전하며 부평초 같은 생활을 계속하고 싶지 않았던 그녀, 벼슬은 없어도 재산은 많은 명문가 아들 이억李億의 청혼을 받아들여 화류계를 떠났다. 사실 이억에게는 본래 정처가 있어 측실에 지나지 않는 자리이기는 했지만, 그녀는 적어도 안정된 생활을 할 수 있으리라 기대했다. 하지만 그녀의 기대와는 달리 2년도 채 안 돼 이억이 변심하는 바람에 어현기는 헌신짝처럼 버려지고 만다. 이 굴욕적인 경험으로 그녀는 회복할 수 없는 깊은 상처를 입었다.

그 후 어현기는 장안의 유서 깊은 도관道觀(도교 사원)인 함의관咸宜觀으로 들어가 여도사가 되었다. 도교 방식의 출가를 한 것이다. 하지만 도관은 출입이 자유로워서 유명 시인인 그녀에게 시를 의뢰하려는 방문자가 끊이지 않았다. 이렇게 지내기를 몇 년, 이억의 배신으로 받은 마음의 상처가 거의 치유될 즈음 어현기에게 새로운 사랑이 찾아온다. 하지만 배신에 대한 공포에 짓눌려 있던 그녀는 결국 사소한 오해 때문에 처참한 사건을 일으키고 말았다. 그녀가 집을 비운 사이에 마침 연인이 방문하자 집을 지키던 시녀가 대신 응대를 했는데, 연인이 집을 나선 뒤 돌아온 어현기는 그 둘의 관계를 의심해 시녀를 문책하다 그만 살해하고 말았던 것이다. 총명한 여류 시인이 한순간 실수로 일으킨 어리석은 범죄였다. 어현기가 살인죄로 처형된 것은 그 직후로, 꽃다운 나이 스물여섯이었다.

넘치는 재능을 가지고도 자립할 길이 없었기에 변변찮은 사내에게 농락당하고, 그 후유증으로 결국 스스로를 망쳐버린 어현기. 그녀가 남긴 시에는 외적 형식에 얽매이지 않는 절박한 자기 고백의 울림이 넘쳐 흐른다.

◆어현기의 시 「유숭진관남루, 도신급제제명처遊崇眞觀南樓, 覩新及第題名處(숭진관의 남루에서 노닐다 새로 과거에 급제한 사람 명단을 보고)」 ────────────────────

뭉게구름 가득하고 봄 햇살 내리비치는데

진사 합격자 명단은 또렷하고 힘찬 필치로 씌어 있구나.

한스럽도다, 비단 치마 내 시 재능을 가림이여!

고개 들어 부질없이 방榜에 적힌 이름을 부러워한다.

雲峰滿目放春晴, 歷歷銀鉤指下生.

自恨羅衣掩詩句, 擧頭空羨榜中名.

풍도 - "집안에는 효도, 나라에는 충성" -

정치가,
후당·후주,
882~954

300년 가까이 지속된 당나라가 멸망한 뒤 중국은 남북으로 분열한다. 북방에서는 후량後梁(907~923), 후당後唐(923~936), 후진後晉(936~946), 후한後漢(947~951), 후주後周(951~960)의 다섯 왕조五代가 흥망을 거듭하고, 남방에서는 열 나라十國가 난립했다. 이른바 5대10국(907~960)의 난세이다. 풍도馮道(자는 가도可道)는 후당, 후진, 요遼, 후한, 후주의 다섯 왕조에서 11명의 황제를 모시며 20년 넘게 재상 자리를 지켰던 이색적인 대정치가이다.

영주瀛州 경성현景城縣(지금의 허베이성)의 중소 지주 집안에서 태어난 풍도는 소년 시절부터 근면한 노력파였으며 문학적 재능도 풍부했다. 게다가 온후하고 순박한 성격이어서 결코 자기 재능을 과시하는 법이 없었다. 변신에 변신을 거듭한 생애를 통해서도 시종일관 이 깊은 본래 성격은 변하지 않았다. 풍도는 927년 46세 때 후당의 제2대 황제 명종明宗으로부터 박학다식과 원만한 성품을 높이 평

106

가받아 재상으로 발탁돼 일약 정치 전면에 나서게 되었다.

풍도를 발탁한 명종이 죽은 뒤, 그의 아들이 뒤를 이어 황제가 된 것에 불만을 품은 양아들 이종가李從珂가 군사를 일으켜 수도 낙양洛陽을 공격했다. 이에 겁을 먹은 황제는 그만 도망치고 말았다. 이때 여전히 재상의 지위에 있던 풍도는 도망친 황제와 진퇴를 같이하는 대신 이종가에게 '권진문勸進文', 곧 황제 자리에 오르기를 권하는 문장을 지어 바쳤다. 그러면서 반대하는 동료들을 향해 "일이란 모름지기 현실을 우선시해야 한다"는 말을 남겼다. 위대한 현실주의자의 면모가 돋보이는 부분이다.

이후 풍도는 이와 유사한 상황에 종종 맞닥뜨릴 때마다 자신의 발언대로 현실을 직시함으로써 시대의 흐름에 역행하지 않았다. 그 덕분에 차례차례 교체되는 왕조에서도 항상 행정의 달인으로 중용되어 정치의 중추에 설 수 있었던 것이다. 예로부터 풍도의 이러한 삶을 절조 없고 파렴치하다며 비난하는 사람도 많았다. 하지만 때는 군사력을 거머쥔 자가 차례로 주도권을 장악하던 난세였다. 그 와중에 행정을 담당하는 문관에 불과했던 풍도의 입장에서

보자면, 꼬리에 꼬리를 물고 출현하는 권력자에게 일일이 충성하고 의리를 지켰다가는 목이 열 개라도 살아남지 못했을 것이다.

훗날 풍도는 자신의 삶을 기술한 「장락로자서長樂老自敍」라는 글에서, 자신은 처음부터 끝까지 "집안에는 효도하고 나라에는 충성했다"고 말한다. 이 발언의 핵심은 '군주'가 아니라 '나라'에 충성했다고 한 데에 있다. 어지럽게 나타났다 사라지는 '군주'를 위해 일한 것이 아니라, '나라'를 구성하는 기초인 백성을 위해 충성을 다해왔노라고 공언한 것이다. 그가 난세라는 시대 상황 속에서 곤궁한 삶을 살던 백성들을 위해 자신의 모든 힘을 다했던 것은 틀림없는 사실이다. 한참 시대를 내려가 16세기 말, 명나라 말기의 급진 사상가 이탁오李卓吾는 이처럼 군주보다는 나라를 중시한 풍도의 삶을 높이 평가함으로써 풍도에 대한 그때까지의 세평을 백팔십도로 바꿔놓았다.

난세의 재상 풍도는 954년 73세를 일기로 세상을 떠났다. 그리고 그 6년 후, 5대 최후의 왕조인 후주가 멸망하고 혼란 상황을 종식시킨 통일 왕조 송宋이 성립한다.

◆풍도의 글 「장락로자서」_____

  대개 나라의 은혜이며, 모두가 집안의 법도를 좇은 것입
니다. 훈계하신 뜻을 받들어 교화의 근원에 관련시켜 집
안에는 효도하고, 나라에는 충성하며, 입에는 무도한 말
을 담지 않고, 집안에는 부정한 재화를 들이지 않았습니
다. 제 소원은 아래로는 땅을 속이지 않고, 중간으로는 사
람을 속이지 않으며, 위로는 하늘을 속이지 않는 것이었
으니, 이 '삼불기三不欺'를 평생의 신조로 삼았습니다.

  蓋自國恩, 盡從家法. 承訓誨之旨, 關敎化之源,

  在孝于家, 在忠于國, 口無不道之言, 門無不義之貨.

  所願者下不欺于地, 中不欺于人, 上不欺于天, 以三不欺爲素.

황제, 남당,
937~978

이욱 - 환락의 나날 끝에 -

　당나라가 멸망한 후 강남에는 오吳,
남당南唐, 전촉前蜀, 후촉後蜀, 남한南
漢, 초楚, 오월吳越, 민閩, 남평南平, 형남
荊南이 난립했다. 이들을 북방의 북한
北漢과 함께 '10국'이라 부른다. 이욱李煜은 10국 중 하나인
남당(937~975, 수도는 금릉金陵 곧 지금의 난징)의 세 번째이자 마
지막 군주이며, 이후주李後主로도 불린다.

　961년 이욱은 아버지의 뒤를 이어 25세의 나이에 군주
에 오른다. 그 전해에는 북송北宋의 초대 황제 태조 조광
윤趙匡胤(재위 960~976)이 즉위해 화북 지방을 통일하는 데
성공했다. 강남 평정을 노리는 북송의 압박이 강화되는
가운데 남당의 군주가 된 이욱은, 강남의 풍요로운 부가
집적된 궁정에서 망국의 순간까지 14년에 걸쳐 더할 나위
없이 우아하고도 화려한 생활을 영위했다. 그는 수준 높
은 교양인으로 서화, 골동품, 음악 등에 누루 조예가 깊었
으며, 만당 시기부터 유행한 문학 장르인 '사詞'의 명수이
기도 했다. '사'는 일반적인 시와 달리 한 수首 안에 긴 구

와 짧은 구를 섞어 일정한 운율에 맞추어 짓는 운문의 일종이다.

이욱의 화려한 궁정 생활을 보여주는 일화는 많다. 그 중에는 이런 이야기도 있다. 남당이 멸망한 뒤 금릉에 주둔하던 북송 군대의 대장이 어느 날 밤 이욱의 궁녀 중 한 명을 자기 방으로 불러들였다. 그러자 그녀는 등불과 초에서 나는 연기가 매워서 눈을 뜰 수가 없노라며 불평했다. 그녀가 있던 남당 궁정에서는 매일 밤 큰 구슬을 내걸어 방 안을 환하게 비추었던 것이다. 크기와 광채가 웬만한 구슬이 아니고서는 밤에 조명 대신 쓸 수가 없었을 것이다. 이욱의 호화로운 생활상을 엿볼 수 있는 한 장면이다.

북송 시대 이후 급속도로 확산된 전족纏足 같은 기이한 풍습도 이욱의 궁정에 있던 가냘픈 몸매의 요낭窅娘이라는 무용수로부터 시작되었다고 한다. 이욱이 그녀의 자그마한 발을 천으로 묶고 흰 신발을 신겨 춤추게 하자, 마치 선녀가 공중에서 너울너울 춤추며 날아오르는 것처럼 보였다고 한다.

이렇게 퇴폐적인 분위기가 농후한 가운데, 멀리 육조 시

대부터 명맥을 이어온 고도로 세련된 문화가 꽃피운 남당
도 멸망을 맞았다. 975년 겨울 장강長江을 건너온 북송 군
대의 맹공으로 수도 금릉이 함락된 것이다. 이욱은 가족
과 함께 북송의 수도 개봉開封(지금의 허난성 카이펑시)으로 호
송되어 2년간 유폐되었다가, 태평흥국太平興國 3년(978)에
숨을 거두었다. 향년 42세였다. 일설에 의하면 북송의 태
조가 독이 든 술을 먹여 살해했다고도 한다.

　이욱은 멸망한 나라의 군주로서 비극적인 최후를 맞이
했지만, 유폐 생활 가운데 지은 그의 사詞는 남당에서 퇴
폐와 환락에 젖어 보낸 나날의 작품과는 완전히 달라서,
망국의 비애와 망향의 한이 응축된 절창 그 자체이다. 이
욱에 의해 한층 성숙해진 '사'는 이후 송대를 통해 중국 문
학의 주요 장르로 자리를 잡아간다. 망국의 비애가 사인詞
人 이욱이 비약하는 발판으로 작용했다는 이 역설적인 운
명이야말로 청나라 역사가 조익趙翼이 "국가의 불행은 시
인의 행복國家不幸詩家幸"이라 말했던 바로 그 경우라 하겠
나.

◆ 이욱의 사詞 「낭도사령浪淘沙令」 _____

발 너머로 주룩주룩 내리는 비

봄기운이 이울어가네.

얇은 비단 이불로는 새벽 한기 이기지 못하는데

꿈속에서는 이내 몸이 나그네임을 잊은 채

잠시 즐거움에 빠져든다.

홀로 난간에 기대지 말지니

고향까지 무한히 펼쳐진 강산이여.

이별의 때는 쉽게도 오더니 만날 날은 아득하기만 하구나.

흐르는 물에 꽃이 지며 봄날은 간다.

하늘과 인간의 격절隔絶만 남긴 채.

簾外雨潺潺, 春意闌珊.

羅衾不耐五更寒. 夢裏不知身是客, 一餉貪歡.

獨自莫憑欄, 無限江山. 別時容易見時難.

流水落花春去也. 天上人間.

2. 새로운 지식인들 - 송 -

시인, 북송,
967~1028

임포 - 매화를 아내로 -

임포林逋(자는 군복君復)는 북송北宋 초
기의 고명한 은둔시인이다. 그는 당나
라 멸망 이후 50여 년간 지속된 5대10
국五代十國의 난세(907~960)에 10국 중
하나인 오월吳越(907~978, 수도는 항주杭州)에서 태어났다. 그
의 조부는 오월의 고위직 관리였다. 태평흥국太平興國 3년
(978) 오월이 송나라에 멸망할 당시 임포는 열두 살이었다.
소년 시실 방북의 아틈으도 생신 싶은 상저는 그의 생애에
큰 영향을 미쳤다.

설명을 조금 덧붙이자면, 건륭建隆 원년(960)에 성립한

송 왕조(북송 960~1126, 남송 1127~1279)는 초대 황제인 태조太祖(조광윤趙匡胤, 재위 960~976)의 재위 기간 중 북중국을 통일하고, 남중국의 10국 가운데 오월을 제외한 나머지 아홉 나라를 멸망시켰다. 이에 이어 송나라 제2대 황제가 된 태종太宗(재위 976~997)이 오월까지 마저 쳐서 중국 전역을 통일한 것이다.

이렇게 새로운 시대가 시작되었음에도, 시대의 톱니바퀴에 맞물려 돌아가지 못했던 임포는 스무 살 무렵부터 20년 가까이 전국 각지를 떠돌았다. 그사이 어떻게 생활했는지는 분명치 않은데, 당시에 이미 저명한 시인이었던 만큼 각지의 시詩 모임에 참석해 그 대가를 받곤 했는지도 모른다. 그 후 장기간에 걸친 떠돌이 생활로 건강을 해친 임포는 경덕景德 3년(1006) 고향 항주로 돌아와 서호西湖 부근의 고산孤山에서 은둔했다. 이때 그의 나이 40세였다.

은자가 된 임포는 '욕심 없이 담박하다無欲恬淡'는 표현 그대로, 학이며 사슴과 더불어 마음껏 자유로운 삶을 즐겼다. 임포가 집을 비운 사이 손님이 찾아오면 학 명고鳴皐가 날아서 알리러 갔고, 손님을 접대하는 술은 사슴 유유呦呦가 돈이 든 소쿠리를 목에 매달고 항주 성안으로 사러

다녀왔다고 한다. 병약하여 평생 독신으로 지낸 임포는 학 명고를 자식으로, 사슴 유유를 시종으로, 그리고 매화 꽃을 아내로 여겼다. 그는 매화를 지독히도 사랑하여 매화에 둘러싸여 살았다. 또한 그의 시 중에서도 유독 매화를 소재로 한 빼어난 작품이 많다.

임포는 은둔하기 전부터 이름난 시인이었으며, 은둔한 뒤에는 한층 더 시작詩作에 몰두했지만, 쓰는 족족 찢어버리곤 했기 때문에 현존하는 것은 300여 수에 지나지 않는다. 하지만 예로부터 동양에서는 투명하고 청신한 그의 시풍에 매료된 추종자들이 많았다. 또한 임포는 시 외에도 문인들이 즐기는 취미의 기본이었던 '금기서화琴棋書畵(음악, 바둑, 글씨, 그림)' 모두에 정통했다.

훌륭한 시인이자 문인으로서 세상일에는 무관심했던 은자 임포의 명성은 차츰 높아졌다. 그리하여 송나라 제3대 황제 진종眞宗은 그에게 식량과 옷감을 하사했고, 지방 태수 가운데는 자기 봉급의 일부를 떼어주는 이도 있었나. 이러한 금전석인 도움이 임포의 은둔생활을 지탱해주었으리라 짐작된다. 그러나 정작 임포 자신은 아무리 도움을 받아도 고맙다는 인사라든가 부담스러워하는 내색 따위는 전혀 하지 않고 태연하게 행동했다. 그 배포 한번 크다고 할 수 있겠다.

　이렇게 오로지 자신이 정한 쾌락 원칙만을 좇아 은자로 생활하기를 20여 년, 천성天聖 6년(1028)에 임포는 병으로 세상을 떠났다. 향년 62세였다.

◆임포의 시「매화梅花」_____

많은 꽃 지고 난 뒤 홀로 아리땁게

풍경을 독차지하며 작은 정원에 피었네.

성긴 그림자는 맑은 시내에 비스듬히 드리웠고

아련한 향기는 지는 달 너머로 아스라이 떠도네.

겨울새들 내려앉으려 먼저 곁눈질하나니

어여쁜 나비가 안다면 분명 혼이 다 나가리.

나지막한 읊조림으로도 정을 나눌 수 있으니

요란한 박拍이나 금 술잔 따위 필요치 않다네.

衆芳搖落獨暄妍, 占盡風情向小園.

疎影橫斜水淸淺, 暗香浮動月黃昏.

霜禽欲下先偸眼, 粉蝶如知合斷魂.

幸有微吟可相狎, 不須檀板共金尊.

정치가, 북송,
1021~1086

왕안석 - 줄곧 미움받았던 재상 -

북송의 대정치가이자 유명한 문학가인 왕안석王安石(자는 개보介甫)은 문학가로서는 높은 평가를 받았지만, 정치가로서는 20세기 초반의 언론인 량치차오梁啓超에 의해 재평가되기까지 사후 800여 년 동안 줄곧 비난과 험담의 대상이 되어왔다.

왕안석은 무주撫州 임천현臨川縣(지금의 장시성) 출신이다. 19세 때 지방관이던 아버지가 돌아가시자, 장남인 그는 조모와 어머니를 비롯해 10명에 달하는 동생들을 부양해야만 했다. 이 때문에 22세 때 우수한 성적으로 과거科擧에 합격해 관직에 들어선 뒤에도, 중앙 정계로 진출하지 않고 자진하여 16년간 계속 지방에서 근무했다. 지방관 쪽의 수입이 더 좋아 대가족을 부양하기가 쉬웠기 때문이다. 왕안석은 그런 와중에도 부임지에서 금리정책이나 관개사업 등을 시행하여 곤궁에 빠진 백성들을 구제했다. 그 결과 그의 명성은 날로 높아졌고, 중앙 정계로 들어오기를 기대하는 목소리도 커지게 되었다.

지방에서 차곡차곡 실적을 쌓아온 왕안석은 가우嘉祐 3년(1058) 38세 때에야 비로소 수도 개봉開封의 중앙 정계로 진출했다. 하지만 본격적인 활동은 개시하지 않고 있다가 가우 8년에 어머니가 돌아가시자 삼년상을 치르기 위해 사임했다. 그러나 복상服喪 기간이 끝난 뒤에도 왕안석은 좀체 자리를 털고 일어나려 하지 않았다. 그가 중앙 관직에 복귀한 것은 사임한 때로부터 5년 뒤인 희녕熙寧 원년의 일이었으며, 그때 그의 나이 이미 48세였다.

신중에 신중을 기하던 왕안석이 자리를 털고 일어난 것은, 바로 그 전해에 근본적인 국가 개혁을 이루고자 했던 북송 제6대 황제 신종神宗(재위 1067~1085)이 즉위하여 왕안석을 그 책임자로 발탁했기 때문이다. 왕조 성립 이후로 약 100년, 빈부 격차가 확대되어 사회 불안이 극심해지고 국가 재정도 적자로 돌아서는 등 이 시기 북송은 위기에 처해 있었다.

희녕 3년, 재상이 된 왕안석은 대상인과 대지주가 이익을 독점해 영세 상인과 소작농이 손해를 보는 왜곡된 경제·농업 구조를 뜯어고쳐 적자 재정을 바로잡고자 했다. 그에 따라 '균수법均輸法', '청묘법青苗法' 등의 '신법新法'을 입안하여 가차 없는 개혁을 단행했다. 균수법이란 각 지방의 물가 안정을 위해 중앙에서 물자를 사들여 값이 싼 다른 지방에 판매하도록 한 제도이고, 청묘법이란 대지주의 고리채로 농민들이 몰락하는 것을 막기 위해 관아에서 돈과 곡식을 싼 이자로 빌려주는 제도였다.

하지만 왕안석의 급격한 신법 개혁은 조정 관리들을 두 파로 완전히 분열시키는 결과를 낳았고, 그를 영수로 하는 '신법당新法黨'과 이에 맞서는 '구법당舊法黨'의 파벌 싸움이 날로 격화되었다. 게다가 신법의 진의를 제대로 전달하지 못했고 그 시행 방법 또한 지나치게 엄격하고 성급해서 고급 관료, 대상인, 대지주뿐만 아니라 민중들 사이에도 왕안석에 대한 반감이 거세졌다. 그 때문에 심사가 배배 꼬인 재상이라는 뜻의 '요재상拗宰相'이라는 비아냥까지 듣는 형편이었다.

신법 개혁이 좌절된 희녕 9년(1076), 왕안석은 사랑하는 아들의 죽음을 계기로 재상직에서 물러나 제2의 고향이라고 할 수 있는 강녕江寧(지금의 장쑤성 난징시)으로 돌아왔다. 그리고 얼마 후에는 정계에서 완전히 은퇴했다. 그로부터 10년 뒤인 원우元祐 원년(1086) 왕안석은 66세로 삶을 마감했다. 그와 한마음 한뜻으로 국가 개혁을 주도했던 신종이 죽은 다음 해의 일이었다.

근대국가 시스템을 너무 일찍 도입했던 대정치가 왕안석은 이후 전통 중국 사회에서 이단자로 낙인찍혀 지탄의 대상이 되었으며, 그의 참뜻을 진정으로 이해하는 사람이 나타나기까지 800년이 넘는 세월을 기다려야 했다. 정신이 아득해지는 얘기가 아닐 수 없다.

◆왕안석의 시 「중장重將」 _____

다시금 백발 되어 토담 그늘에 서보니
옛 자취 아득하여 찾을 수가 없구나.
꽃과 새들 모두 한창인 봄을 즐기는데
인간 세상에는 홀로 상심하는 이 있어라.

重將白髮傍牆陰, 陳迹茫然不可尋.

花鳥總知春爛漫, 人間獨自有傷心.

심괄 - 야망에 가득 찼던 만능 과학자 -

과학자·문장가,
북송, 1031~1095

북송의 심괄沈括(자는 존중存中)은 천문, 지리, 의학, 약학, 수학 등의 과학 분야에 정통하여 전통 중국이 낳은 굴지의 과학자로 불린다. 심괄은 과학뿐만 아니라 음악에도 식견이 있었으며, 또한 자연과학에서 예술과 문학까지 다양한 분야를 망라한 수필집『몽계필담夢溪筆談』을 쓴 훌륭한 문장가이기도 했다. 요컨대 그는 만능형 천재였다. 참고로 심괄과 동시대인인 시인 소식蘇軾(자는 동파東坡, 1036~1101) 역시 여러 분야에 두루 능한 만능형 천재였다. 정치, 사회의 대규모 변화를 동반한 근세 북송 시대가 과학이나 기술에 능통한 새로운 유형의 사대부士大夫를 길러냈던 것이다.

하지만 심괄은 22세의 나이로 가뿐히 과거에 합격한 소식처럼 그렇게 축복받으며 인생을 출발한 것은 아니었다. 과거에 합격한 진사進士 출신이면서도 불우한 삶을 살았던 아버지가 돌아가신 후, 가난했던 심괄은 과거 시험 준비에 필요한 비용을 변통할 수가 없었다. 그래서 24세 때

마지못해 은음恩蔭(아버지의 직위 덕에 특별 임용되는 제도)으로 해주海州(장쑤성)의 지방관이 되었다. 그곳에서 심괄은 천부적인 과학적 재능을 발휘해 수리와 관개사업에 성공하여 큰 실적을 올리기도 했다. 하지만 그는 언제까지나 지방관으로만 머물 수는 없다고 작정하고, 관직에 있으면서 시험을 치를 수 있는 제도를 이용해 과거에 도전했다. 그리하여 33세 때 마침내 최종 시험에 합격해 보란 듯이 중앙 관직으로 진출했다.

심괄은 궁중 도서관에 근무하면서 천문학과 역학曆學에 열중하여 기기를 개량해 정밀한 천문 관측을 실시했으며, 정확한 천체도와 달력을 만들기도 했다. 이렇게 심괄이 '하늘'에 열중하는 사이, 정치 상황은 크게 요동쳤다. 당시 조정에서는 급격한 국가 개혁을 주창한 신법당과 이에 반대하는 구법당의 파벌 다툼이 격화되고 있었다. 치평治平 4년(1067) 신종이 즉위하자 신법당이 우세를 차지하고, 희녕熙寧 3년(1070)에는 신법당의 영수 왕안석이 재상에 오른다. 심괄은 왕안석의 협력자가 되어 천문대의 수장을 맡는 한편, 내정과 외교 등 다방면에 걸쳐 대활약을 펼쳤다. 하지만 그 뒤로 왕안석과 사이가 벌어지게 되는데, 이것을 다행이라 해야 할지, 왕안석이 실각하자마자 심괄은 금세 승진하여 일약 삼사사三司使(재정 장관 겸 한림학사翰林學士, 황제 비서관)에 오른다.

하지만 이 이례적인 벼락 출세는 결국 전혀 기대하지 않았던 결과를 낳았다. 조정 대신들 사이에서 재빠르게 변신을 꾀한 심괄의 처세에 대한 반감이 거세져, 희녕 10년 탄핵을 받고 파면되어 선주宣州(안후이성)의 태수로 좌천되고 만 것이다. 이후 심괄의 관료 생활은 대체적으로 하강 일로를 걷는다. 원풍元豊 5년(1082)에는 탕구트족의 서하西夏와 맞붙은 전쟁에서 패한 책임으로, 관직과 직위를 박탈당하고 칩거하라는 처분을 받기도 했다.

하지만 심괄은 특유의 은근과 끈기로 칩거 중에도 예전에 제작을 명받았던 중국의 전도「천하주현도天下州縣圖」를 완성하여 황제에게 바쳤다. 그리고 그 공적으로 진강鎭江(장쑤성)에 있는 그의 저택 '몽계원夢溪園'으로 옮겨도 좋다는 허락을 받았다. 이리하여 65세로 죽기까지 7년간, 심괄은 그곳에서『몽계필담』을 비롯한 저술 활동에 전념하며 하루하루를 보냈다. 뛰어난 과학자이자 문장가였으면서도 관료사회의 출세에 집착하여 좌절을 맛보았던 심괄.

그는 어쩔 수 없이 너무나 인간적인 인물이었다 하겠다.

◆심괄의 글 『몽계필담』「잡지편雜誌篇」

방술가들이 자석으로 바늘 끝을 문지르면 남쪽을 가리키게 된다. 하지만 (그것은) 항상 약간 동쪽으로 치우쳐 있으며 정남쪽을 가리키지는 않는다.

方家以磁石磨針鋒, 則能指南. 然常微偏東, 不全南也.

황제, 북송,
1082~1135

휘종 - 국가를 멸망시킨 방탕 천자 -

　북송 제8대 황제인 휘종徽宗(본명은 조길趙佶, 재위 1100~1125)은 뛰어난 서예가이자 화가였다. 하지만 정치 감각이라곤 조금도 없어서, 아첨 떨고 비위 맞추는 게 능사이던 재상 채경蔡京과 환관 동관童貫을 중용하고 방탕에 빠진 나날을 보내다가, 결국 북송을 멸망의 구렁텅이로 몰아넣었다.

　애당초 휘종이 즉위한 것 자체가 전혀 예상 밖의 일이었다. 그의 아버지인 제6대 황제 신종神宗이 죽은 후 형인 철종哲宗(재위 1085~1100)이 즉위했으므로, 휘종은 황족으로서 풍류를 즐기며 유유자적한 삶을 보낼 참이었다. 그런데 철종이 요절하는 바람에 휘종이 얼떨결에 황제 자리에 오르게 되었던 것이다.

　휘종이 19세의 나이로 즉위할 당시, 관료들의 당쟁이 상기산에 설진 진흙탕 싸움으로 격화되어 정치 기구의 기강은 느슨해질 대로 느슨해져 있었고, 중국 동북부에 자리 잡은 여진女眞족이 세력을 강화하여 이윽고 금金

(1115~1234)나라를 세운 상황이었다. 그런데도 휘종은 나라 안팎의 위기에는 아랑곳하지 않은 채, 고금의 서화를 수집하고 정원을 조성하는 데만 열을 올렸다.

휘종이 정원 조성에 보인 열의는 수도 개봉開封 교외에 행궁行宮인 '간악艮岳'을 만든 시점에서 최고조에 달했다. 그는 화북 지방에 위치한 간악에 강남의 풍경을 그대로 옮겨놓고자 했다. 그에 따라 '화석강花石綱'이라 불리는 운반 사업을 시작해 강남으로부터 유명한 나무와 꽃, 태호석太湖石(장식용으로 쓰이는 석회 기암) 등을 대대적으로 들여왔다. 이윽고 휘종의 화석강 사업으로 고통받던 민중의 분노가 폭발해 각지에서 반란이 발발하기에 이르렀다. 양산박梁山泊에 모여든 호걸들의 분투를 그린 『수호전水滸傳』은 바로 이 시기를 무대로 한 소설이다.

방탕한 천자 휘종 밑에서 전형적인 왕조 말기 증상에 빠져 있던 북송을 멸망으로 몰아넣은 것은 여진족의 금나라였다. 정강靖康 원년(1126) 금나라 군대는 개봉 근처까지 바짝 공격해 들어왔고, 겁에 질린 휘종은 황망히 아들 흠종欽宗에게 황위를 물려주었다. 북송 조정은 막대한 배상금을 지불하는 등 불리한 조건을 받아들여 금나라와 화친을 맺는 것으로 사태를 대충 수습했다.

하지만 다음 해인 정강 2년 금나라는 화친 조건을 이행하지 않았다는 트집을 잡으며 다시 맹공을 가했고, 별 어려움 없이 개봉을 함락했다. 이 '정강의 변'으로 북송은 멸망하고 휘종은 흠종을 비롯한 수천 명의 황족 및 관료들과 함께 포로가 되어 금나라의 본거지로 호송되었다. 그렇게 포로가 되어 타향에서 삶을 연명한 지 8년 만에 죽으니, 향년 54세였다.

휘종은 황제로서는 실격이었지만, 가늘고 예리하며 독특한 '수금체瘦金體'라는 서체를 고안해냈고, 세밀한 화조도花鳥圖에 뛰어났다. 또한 궁중에 소장되어 있던 서화를 정리하고 해설한 『선화서보宣和書譜』와 『선화화보宣和畫譜』를 편찬하는 등 예술가로서는 흠잡을 데 없는 초일류였다. 요컨대 정치에는 몽매했던 예술가 휘종이 황제로 즉위한 일은 본인에게도, 북송이라는 시대에도 커다란 불행이었다고 할 수밖에 없다.

휘종의 이러한 모습은 남당南唐의 마시막 왕세인 후주後主 이욱李煜과 무척 닮았다. 북송의 초대 황제 태조太祖는 포로로 잡은 이욱을 독살했다고 하는데, 북송 왕조는 바로 이욱과 흡사한 휘종에 의해 멸망하고 말았던 것이다.
참고로 휘종이 이욱의 환생이라는 전설도 있다. 곧 휘종
의 아버지 신종이 이욱의 초상화를 보고 감탄한 직후에 그
의 측실이 그를 잉태했고, 휘종이 태어날 때 신종의 꿈에
이욱이 나타났다는 이야기이다. 어찌 되었건 역사가 낳은
기묘하고 불가사의한 우연의 일치라고 하겠다.

◆휘종의 그림 「상룡석도祥龍石圖」 일부

시인, 북송·남송,
1084~1151?

이청조 - 죽은 남편의 보물을 지키며 -

　　북송에서 남송에 걸친 격동기를 살아간 이청조李淸照는 전통 중국 최고의 여류 시인이다. 고위 관료이자 유명한 문학자였던 아버지 이격비李格非의 훌륭한 가르침 아래, 이청조는 소녀 시절부터 사詞의 명수로 주목받았다. 좋은 환경에서 일찍부터 재능을 꽃피운 이청조는 건중정국建中靖國 원년(1101) 18세 때, 누구보다 그녀의 재능을 아껴주던 조명성趙明誠과 결혼하여 행복한 나날을 보냈다. 조명성 역시 북송 고위 관료의 아들로, 열광적인 서화·골동품 수집가였다. 결혼 후 이청조는 금방 남편의 취미에 동화되어 둘이 함께 즐거이 골동품 수집에 푹 빠져 세월을 보냈다.

　　대관大觀 원년(1107), 북송의 재상이던 조명성의 아버지 조정지趙挺之가 정쟁政爭에서 패해 실각하고 얼마 후 사망한다. 이를 계기로 조명성도 관직에서 물러나 이후 10년간 이청조와 함께 청주靑州(산둥성)에서 은둔 생활을 했다. 그동안 이청조 부부는 자신들이 수집해놓은 방대한 분량의 서적들을 대조·교정하고 분류한 뒤, 서고에 수납하고 목록을 만드는 작업에 함께 몰두하면서 아주 행복한 시절을 보낸다.

하지만 여진족의 금나라 군대가 쳐들어오면서 그들의 인생은 암울하게 변한다. 북송이 멸망하고 망명 정권 남송이 강남에 들어선 직후인 건염建炎 원년(1127), 조명성은 어머니의 장례를 치르기 위해 먼저 급히 강남으로 떠났다. 그 뒤를 이어 이청조도 남편이 엄선해놓은 귀중한 서화와 골동품을 수레 15대에 나눠 싣고 강남으로 향했다.

이렇게 귀중한 물품들을 가지고 어렵사리 강남으로 피난했건만, 건염 3년 이청조는 그토록 사랑하던 반려 조명성이 급성 질환에 걸려 타계하는 비극을 맞게 된다. 그 후 그녀는 남편의 집념이 서린 2만여 권의 귀중본을 포함한 수레 15대 분량의 서화와 골동품을 건사하면서, 남하해오는 금나라 군대의 공격을 피해 강남 각지를 전전하는 생활을 이어갔다. 그러는 사이 반복되는 약탈과 도난으로 어느새 가지고 있던 것을 거의 다 털리고 말았다.

이렇게 지칠 대로 지친 이청조 앞에 장여주張汝舟라는 남송 관료가 나타나 결혼을 간청했다. 그녀는 소흥紹興 2

년(1132) 장여주와 재혼하기로 결단을 내린다. 49세 때의 일이다. 하지만 장여주는 가당찮게도 빛 좋은 개살구 같은 인물로, 그가 노린 것은 바로 이청조의 수중에 간신히 남아 있던 몇 안 되는 서화와 골동품이었다. 이를 눈치챈 이청조는 마침 장여주의 횡령 사실을 알게 되어, 그를 고발하여 귀양 보냄으로써 이혼할 수 있었다. 결국 그녀가 장여주와 재혼해 산 날은 불과 100일도 되지 않았다.

이청조는 재혼이 실패했음을 깨달은 순간, 울면서 베갯머리나 적시는 따위의 감상을 거부하고 적극적인 자세를 취했다. 그 의연한 태도는 참으로 장하다고 해야 할 것이다. 그 뒤 그녀는 고독한 생활을 이어가는 가운데, 조명성이 작성한 석각石刻의 목록인 『금석록金石錄』을 정리하는 한편, 사詞 창작에 심혈을 기울였다. 그녀가 죽은 해는 분명하지 않으나, 70세 전후까지 산 것은 틀림없다.

◆이청조의 사詞「여몽령如夢令」＿＿＿＿＿＿＿＿

어젯밤은 성긴 빗줄기에 바람이 드셌지.

한참을 잤건만 취기는 가시지 않고

주렴 걷는 아이에게 물으니

132

해당화 그대로 여전하다고.

그럴까,

그럴까?

초록 잎 무성해지고 붉은 꽃 시들고 말았으리.

昨夜雨疏風驟, 濃睡不消殘酒.

試問捲簾人, 却道海棠依舊.

知否, 知否?

應是綠肥紅瘦.

시인, 남송,
1140~1207

신기질 - 문무겸전의 수완가 -

남송의 신기질辛棄疾(자는 유안幼安)은 사詞의 작가로 유명하다. 화류계에서 생겨난 '사'라는 문학 형식은 만당晚唐 (836~907) 무렵부터 문인들의 주목을 받기 시작했고, 앞서 소개한 남당의 이욱李煜에 의해 성숙도를 더하게 되었다. 그 주된 내용은 남녀 관계의 감상적인 정서였다. 하지만 북송의 대시인 소식蘇軾은 이러한 사의 방향에 일대 변화를 일으켰다. 사상과 의지를 호쾌하게 담아 노래함으로써 사의 표현 영역을 단숨에 확장했던 것이다. 신기질의 사는 소식의 이러한 흐름을 계승한 것으로, 이 둘은 '소신蘇辛'으로 병칭되기도 하고 '호방파豪放派'로 불리기도 한다.

호방파 사인詞人 신기질은 파란만장한 생애를 살면서도 참으로 굳세고 의로운 인물이었다. 그는 정강靖康 2년 (1127) 여진족의 금나라가 북송을 멸망시켜 북중국을 지배하고, 한족의 망명 왕조 남송이 남중국에 자리 잡고 있던 시대에 태어났다. 신기질이 나고 자란, 금나라의 지배 아래 있던 역성歷城(산둥성)에서는 폭군 해릉왕海陵王(재위 1149~1161)이 죽자 금나라에 반기를 든 한족 의병군이 봉기했다.

이때 신기질은 경경耿京이라는 인물이 이끄는 의병군에 가담했다. 문무를 두루 겸비한 데다 용맹했던 신기질은 대활약을 펼쳤고, 소흥紹興 32년(1162) 23세 때는 경경의 사신 자격으로 강남에 가서 남송의 초대 황제 고종高宗과 회견했다. 하지만 회견 결과를 보고하기 위해 귀환하던 도중, 심복이던 부하가 경경을 살해한 뒤 군대를 이끌고 금나라에 투항해버렸다는 정보를 접하게 된다. 신기질은 곧장 수하 병사들을 이끌고 금나라 진영으로 쳐들어가 경경을 살해한 주모자의 목을 베어버리고는 그 길로 남쪽으로 탈출해 남송 정권 아래로 들어갔다.

남송에서 벼슬하게 된 신기질은 반금反金 의병군의 맹장이었던 젊은 날의 뜻을 잊지 않고, 시종일관 주전파의 최선봉에 서서 금나라와 타협하지 말고 싸워야 한다는 주장을 고수했다. 그렇게 20여 년 동안 그는 각 주의 태수를 거치고 오늘날의 장시江西와 후난湖南 지역의 안무사按撫使를 역임하는 등 지방의 행정과 군사를 총괄하며 수완을 발휘했다. 그러나 43세 되던 해, 강직한 그의 존재를 거북스럽게 여기던 중신들의 농간에 말려들어 사직하고 만다.

하지만 신기질은 낙담하지 않았다. 풍광이 아름다운 상요上饒(장시성)에 '가헌稼軒'이라는 이름의 별장을 짓고, 이후 20년에 걸쳐 그곳을 거점 삼아 시와 사를 쓰는 데 열중하며 시인 육유陸游와 철학자 주희朱熹(주자朱子) 등 뜻 맞는 벗들과 왕래하며 유유자적한 나날을 보냈다. 예순을 훌쩍 넘긴 말년에 이르러 주전론자인 그의 명성을 이용하려는 조정 실력자의 초빙으로 다시 한 번 벼슬에 나가기도 했지만, 결국 의견이 맞지 않아 사임하고 얼마 후 세상을 떠났다. 이렇게 신기질은 때로는 격렬하고 때로는 냉정하게, 강인한 무인의 삶과 반골 문인의 삶을 살다 간 것이다.

◆신기질의 사詞「추노아醜奴兒」

어릴 적에는 근심 수愁 자 뜻도 모른 채

즐겨 높은 누대에 올랐었지.

즐겨 높은 누대에 올라서는

새 사詞를 지으며 굳이 '수'자 넣곤 했지.

허나 이제 근심 수 자 속속들이 알기에

입에 올리려다 그만두네.

입에 올리려다 그만두고는

이렇게 말하네, "참 청명한 가을이로구나!"

少年不識愁滋味, 愛上層樓.

愛上層樓, 爲賦新詞强說愁.

而今識盡愁滋味, 欲說還休.

欲說還休, 却道天凉好箇秋.

3. 세계는 넓어지고 사상은 깊어지다 - 원·명 -

서예가·화가, 원,
1254~1322

조맹부 - 유례가 드문 귀공자 -

원元나라 초기의 고명한 서예가이자 화가인 조맹부趙孟頫(자는 자앙子昻)는 송宋 왕조의 일족으로, 북송北宋 초대 황제인 태조太祖의 넷째 아들 조덕방趙德芳의 10대손이다. 북송이 여진족의 금金나라에 멸망당한 뒤 강남에 성립한 망명 왕조 남송南宋의 제2대 황제 효종孝宗(재위 1162~1189) 또한 그의 일족 출신이다. 효종의 형이 있던, 조맹부의 고조부 이래로 이 일족은 풍광이 아름나운 호주湖州(저장성)에 토지를 하사받아 그곳에 터를 잡고 우아한 생활을 영위했다. 또한 고조부에서 아버지 조여은趙

與訔에 이르기까지 4대에 걸쳐 남송의 요직을 담당해왔다.

어린 시절부터 총명했던 조맹부는 12세 때 아버지를 여의었지만, 조금의 흐트러짐도 없이 공부에 매진한 결과 19세 때 국자감國子監(지금의 국립대학)에 합격하며 관직에 들어섰다. 그대로만 가면 조맹부도 그의 선조들과 마찬가지로 예술적 감각까지 겸비한 유능한 황족 관료로서 순풍에 돛 단 듯 평온한 생애를 보낼 수 있을 터였다.

하지만 1276년 23세 때, 몽골 군대의 맹공을 받아 남송이 사실상 멸망함으로써 조맹부의 인생은 격변에 휩싸인다. 초원의 영웅 칭기즈칸(1162?~1227)의 출현으로 강대해진 몽골족은 1234년 칭기즈칸의 아들 오고타이(원나라 태종太宗) 시대에 금나라를 멸망시키고, 오고타이의 아들 쿠빌라이(원나라 세조世祖, 재위 1260~1294) 시대에는 남송까지 멸망시킴으로써 중국 전역을 통일했던 것이다.

남송이 멸망한 후 조맹부는 10년간 고향 호주湖州를 본거지 삼아 은둔 생활을 이어갔다. 그러다 지원至元 23년(1286) 33세 때, 세조의 초빙에 응하여 수도 대도大都(지금의 베이징)로 들어가게 된다. 세조는 귀공자다운 기품이 넘치는 그의 준수한 풍모와 어떤 질문이든 척척 답해내는 모습에 탄복했고, 이후 조맹부를 더할 나위 없이 신임하여 중용했다. 조맹부에 대한 원 왕조의 후한 대접은 세조가 죽은 뒤 성종成宗, 무종武宗, 인종仁宗, 영종英宗으로 황제가 바뀌어도 전혀 흔들리지 않았다. 이렇게 한족 왕조인 남송의 황족이면서도 몽골 왕조인 원나라의 다섯 황제에게 신임을 받으며 중앙과 지방의 요직을 역임한 일은, 조맹부의 뛰어난 정치 수완을 보여주는 것이라 하겠다.

요직을 역임하는 한편 조맹부는 서예 분야에서 왕희지王羲之를 계승한 우아한 필법으로 숱한 걸작을 남겼고, 회화 분야에서는 인물, 말馬, 화조花鳥 등을 소재로 한 명작들을 차례로 내놓았다. 조금 덧붙이자면, 조맹부의 부인 관도승管道昇 또한 뛰어난 서예가이자 화가였다. 조맹부가 노력형 대가인 반면 관도승은 그야말로 천재여서, 조맹부도 그녀가 자신보다 한 수 위임을 인정할 정도였다고 한다. 이 부부는 전통 중국에서는 보기 드물게 서로를 깊이 이해한 인생의 동지였고, 그런 만큼 조맹부는 측실도 두지 않았다고 한다. 다만 중년에 이른 조맹부가 한 기생에게 한때 정신이 팔려 측실로 삼으려 한 일이 있었지만, 관씨 부인이 매섭게 몰아붙이는 바람에 창피해서 그만두었

다는 일화가 있다. 고다 로한幸田露半의『유정기幽情記』「니
인泥人」은 이 부부의 모습을 묘사한 수작이다.

조맹부는 둘도 없는 동반자였던 관씨 부인이 죽은 지 4
년 뒤인 지치至治 2년(1322), 놀라운 행운의 연속이었던 생
애를 마쳤다. 향년 69세였다.

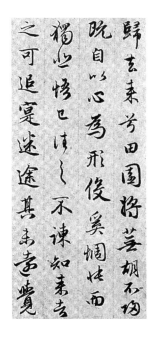

◆조맹부의 글씨 「귀거래사권歸去來辭卷」 일부

수필가, 원말 명초
元末明初, 생몰년
미상

도종의 - 재야의 삶을 관철한 문인 -

도종의陶宗儀(자는 구성九成, 호는 남촌南村)는 원말 명초의 전환기를 살았던 이색적인 문인이자 학자이다. 황암현黃巖縣(저장성) 출신으로 아버지는 지방의 하급 관리였다. 도종의도 관직사회에 들어가기 위해 원나라 말기 수차례 과거科擧 시험에 응시했지만, 끝내 합격하지 못했다. 이후 몽골족의 원나라에서 한족의 명나라로 시대가 바뀌어도 기본적으로 관직에 나가지 않는 재야의 삶을 이어갔다. 그동안 도종의는 서당 훈장 등으로 생계를 꾸리며 학문을 닦아 저술과 편찬으로 날이 새고 저무는 나날을 보냈다.

도종의의 대표작인『철경록輟耕錄』은 원나라 시대의 제도와 문물에서 소설, 희곡, 서화 등에 이르기까지 다각적이고도 상세하게 기록한 기록문학의 수작이다. 또한 그는 자신의 넓은 학식과 공부한 지식을 빌려 각종 문헌 자료들을 수집해 총 100권에 이르는『설부說郛』를 편찬했다.『설부』에는 방대한 필기소설筆記小說(문어체로 쓰인 단편소설)이

수록되어 있는데, 지금은 이미 원본이 사라진 것도 많아서 그 자료적 가치가 대단히 높다. 그 밖에도 상고시대부터 원나라 때까지 활동한 서예가들의 짤막한 전기인『서사회요書史會要』를 집필하는 등 그의 저술은 참으로 다방면에 걸쳐 있다.

도종의는 문인으로서 명성이 높아진 뒤에도 결코 권력 가까이에는 다가가지 않았다. 참고로 원나라는 14세기 중엽 무렵부터 급속도로 쇠퇴하기 시작해 전역에서 민중 반란이 일어나 홍건적紅巾賊의 난이라 불리는 대규모 동란으로 번졌다. 봉기한 홍건적은 얼마 후 주요 근거지를 강남으로 옮겼고, 주원장朱元璋과 장사성張士誠 등 홍건적 지도자 사이에서 주도권 쟁탈전이 격화되었다. 그중 강남의 거대 상업도시인 소주蘇州(쑤저우)를 점령한 장사성은 문인들을 불러 모으는 데 열심이었다. 그의 초빙에 응해 유명한 시인 고계高啓를 위시한 많은 문인들이 장사성 밑으로 모여들었다. 하지만 도종의는 끝까지 완강하게 거절하며 장사성의 초빙에 응하지 않았다.

지정至正 28년(1368) 주원장은 맞수 장사성을 격파하고 즉위(홍무제洪武帝, 재위 1368~1398)해 명나라(1368~1644)를 세우고, 그다음 해인 홍무洪武 2년에는 원나라를 멸망시키며 중국 전역을 통일한다. 도종의는 이 홍무제의 출사 요청도 결연히 거부했다. 도종의뿐만 아니라 당시 강남 문단에는 중진이던 양유정楊維楨을 비롯해 홍무제의 출사 요청에 응하지 않은 문인이 많았다. 홍무제의 초빙에 응한 고계가 장사성과 관계했었다는 이유로 처형되는 등 냉혹하기 짝이 없는 처사를 보며 경계한 문인들이 몸을 사렸을 것이다. 『삼국지연의三國志演義』의 저자로 거론되는 나관중羅貫中 역시 장사성과 관련이 있었던 연유로, 명나라 성립 이후에는 세상일에 관여하지 않고 『삼국지연의』와 『수호전水滸傳』 같은 백화白話(구어체) 장편소설을 정리하고 집필하는 데만 몰두했다는 설도 있다.

원말 명초의 격동기, 도종의는 곳곳에 도사린 숱한 권력의 덫으로부터 자신을 유리시킨 채 오로지 방대한 저술과 편찬 활동에만 전념했다. 그가 언제 어디서 생애를 마쳤는지, 상세한 것은 알려진 바가 없다. 아마도 시정市井의 내로인이자 학자로서 평온한 일생을 마쳤을 것이다.

◆도종의의 글 『철경록』「송유주시宋幼主詩」(송나라 유주幼

主, 소제少帝의 시에 대한 해설)

임화정(임포)에게 소식 전하노니

(서호西湖의) 매화는 몇 번이나 피었는지?

황금대의 나그네 된 이 사람은

분명 돌아갈 수 없으리.

"寄語林和靖, 梅花幾度開. 黃金臺下客, 應是不歸來."

此宋幼主在京都所作也.

始終二十字, 含蓄無限凄戚意思, 讀之而不興感者幾希.

*이 시는 송나라 유주가 원나라 수도에 있을 때 지은 작품이다. 전부 해봐야 20
자밖에 되지 않지만 무한한 처량함과 쓸쓸함을 함축하고 있어, 이를 읽고 감흥
을 느끼지 못하는 자는 거의 없다. 북송의 유주, 곧 소제少帝는 6세 때 원나라에
항복하여 북방으로 연행되었다. '황금대의 나그네'는 소제 자신을 가리킨다.

정화 - 대선단을 이끌고 남쪽으로 -

모험가, 명,
1371~1435?

정화鄭和는 명나라 초, 일곱 차례에 걸쳐 대선단을 이끌고 30여 개국에 원정한 사람이다. 그는 곤양昆陽(원난성) 출신으로, 원래 성은 마馬씨이며 선조 대대로 이슬람교도였다. 홍무洪武 15년(1382), 명나라 군대가 지금의 원난雲南성 일대를 제압했을 때, 열두 살의 정화는 포로로 잡혀 남경으로 호송되었다. 여기서 홍무제의 넷째 아들 연왕燕王 주체朱棣의 소년 시종이 되어 강제로 거세去勢를 당하고 만다. 하지만 정화는 이 비극을 전화위복의 기회로 삼고 당당하게 살아갔다.

홍무제가 죽은 후 그의 손자이자 연왕의 조카인 건문제建文帝(재위 1398~1402)가 즉위하자, 이에 반발한 연왕은 거병을 단행했고 3년의 내전 끝에 승리를 거둔다. 이 '정난靖難의 변'으로 연왕이 즉위하여 명나라 제3대 황제 영락제永樂帝(재위 1402~1424, 1421년에 남경에서 북경으로 천도)가 되었다. 무예가 출중하고 용맹이 남달랐던 정화는 정난의 변 당시 과감하게 전장을 누비며 공을 세워 영락제가 즉위한 뒤 내궁감(內宮監)의 태감(太監)(최고위직 환관)에 임명되었다. 정(鄭)씨 성을 하사받은 것도 이때의 일이다. 정화는 무려 7척(약 218cm)에 달하는 키에 수려한 용모로, 무인다운 위엄이 넘치는 풍채의 소유자였다고 한다.

세계를 자신의 시야 안에 둘 만큼 통이 컸던 영락제는 동남아시아, 인도, 서남아시아 등 남해(南海) 방면으로 대규모 선단을 파견해 위용을 과시함으로써, 여러 나라에 복속을 종용하는 동시에 무역을 트고자 했다. 이 남해 원정의 총지휘자로 뽑힌 사람이 바로 정화였다. 그는 영락제의 두터운 신임을 받는, 호방하고도 뛰어난 지략을 가진 무장이었고 또한 이슬람교도여서 국제적인 감각도 갖추고 있었기 때문에 이 임무에 딱 맞는 인재였다.

정화의 남해 원정은 영락 3년(1405)에 시작되었다. 제1차 원정에서는 2만 7,800여 명의 장병을 62척의 큰 배에 나누어 태우고 출발해 남아시아 여러 나라를 돌아 인도의 캘커타(지금의 콜카타)까지 이르렀다. 이후 영락 19년에 이뤄진 제6차 원정에 이르기까지, 모두 제1차 원정과 같은 규모의 선단을 이끈 항해가 거듭되었다. 마지막인 제7차 원정(선덕宣德 6년, 1431)은 영락제의 사후 선덕제(재위

1425~1435)의 치세에 이루어졌다. 제5차 원정 이후로는 아라비아반도에서 아프리카 동해안까지 진출했고, 제7차 원정 때는 별동대가 이슬람교의 성지인 메카에까지 이르렀다고 한다.

요컨대 정화는 35세부터 약 30년간 원정에 나서 대항해를 계속했던 것이다. 그 결과 도자기와 비단 같은 중국 특산물과 호초胡椒(후추), 상아象牙, 향료 같은 다른 여러 나라 특산물을 사고파는 교역이 큰 성과를 거두어 명나라의 국제 교류에 막대한 공을 세웠다. 유능한 지휘자였던 정화가 죽은 후, 이 정도의 대규모 원정 항해는 두 번 다시 시도되지 못했다. 장대한 통사인 『사기史記』의 저자 사마천司馬遷이나 이역만리까지 대모험을 계속한 정화처럼, 거세라는 이루 다 말로 표현할 수 없는 굴욕을 당하고도 그것을 도약의 발판으로 삼아 타의 추종을 불허하는 대업을 이룩한 이들이야말로 특별한 빛을 발하는 인재라 할 것이다.

◆정화의 글 「천비영응지기비天妃靈應之記碑(항해의 여신 마조媽祖의 영험함을 기념하는 비, 속칭 '정화비')」일부 _____

해외 여러 나라들은 실로 아주 멀리 떨어진 땅인데도, 모두 琮(제사 때 쓰는 옥)과 공물을 받들고 몇 번의 통역을 거쳐 중국 조정으로 문안을 왔다. 황제 폐하께서 그 충성스러움을 가상히 여기사, 나 정화에게 명하여 군대 수만을 이끌고 거함 100여 척에 타고 하사품을 싣고 가 나눠주도록 하셨으니, 덕에 의한 교화를 펼쳐 먼 나라 사람들을 회유하기 위함인 것이다.

若海外諸番, 實爲遐壤, 皆捧琮執贄, 重譯來朝.

皇上嘉其忠誠, 命和等統率官校旗軍數萬人, 乘巨舶百餘艘,

齎幣往賚之, 所以宣德化而柔遠人.

화가, 명,
1427~1509

심주 - 유유자적한 '도시의 은자' -

심주沈周(자는 계남啓南, 호는 석전石田)는
명나라 중기 거대 상업도시인 소주蘇
州에서 활동했던 문인화가이다.

그는 소주의 교외인 장주현長洲縣(장
쑤성)에서 증조부 대에 재산을 모아 부유해진 지주 집안의
아들로 태어났다. 심주의 조부와 아버지는 수준 높은 교
양을 갖춰, 시와 문장을 짓는 솜씨도 교묘하고 그림도 수
준급이라는 평을 들을 정도로 품격 있는 지식인들이었다.
이 정도의 지식과 교양을 갖추면, 보통은 과거 시험에 응
시해 고위 관료가 되는 길을 찾게 마련이다. 그러나 심씨
집안에는 조부 때부터 관료가 되는 것을 기피 혹은 거부하
는 가풍이 있었고, 심주 역시 이를 이어받아 무엇에도 구
속되지 않는 자유로운 재야 문인으로 일생을 보냈다.

그런데 왜 심씨 일가는 명나라의 관료가 되길 거부했
던 것일까? 그들의 고향 소주는 원나라 말의 혼란기에 명
나라 시조 주원장朱元璋(홍무제)의 맞수였던 장사성張士誠의
근거지였다. 주원장은 즉위 후 장사성을 지지했던 지식인

은 물론 소주의 호족과 상인들에게까지 잔인한 보복을 가했다. 이 불행한 경험을 통해 소주 사람들은 권력 따위에 연연하지 않는 불굴의 정신을 몸에 익혀, 재야 문인을 중심으로 하는 그들만의 독특한 문화를 꽃피웠다. 아마도 관료사회와 거리를 두었던 심씨 일가의 자세 또한 소주의 이러한 기풍에 호응하는 것일 터이다.

권력에 비판적이었던 소주의 분위기와는 별개로 심주는 공격적인 성격과는 거리가 멀었다. 그는 소년 시절부터 마흔 가까이까지 대지주로서 조정의 위촉을 받아 '양장糧長(징세 청부인)'이 되어 농민과 정부 당국 사이에서 성실하게 일했다. 한편 가정생활에도 충실하여 99세까지 장수를 누린 어머니를 염려해 장거리 여행을 자제할 정도로 자상한 아들이기도 했다. 그의 어머니가 편안히 눈감았을 무렵, 심주는 80세였다고 한다.

조부와 아버지 모두 시문과 그림에 조예가 깊었을 정도로 문화적으로 윤택한 환경에서 성장한 심주는 어릴 때부터 선생에게서 시문과 그림을 배웠다. 그리고 이를 만년에 이르기까지 갈고닦아 시인으로서도 화가로서도 탄탄하게 대성했다. 그림의 경우, 젊었을 적에는 소품만 그렸으나 양장 직책을 아우에게 물려주고 한가해진 40대 이후로는 대작도 그리게 되었다. 제재는 산수山水, 식물, 조수鳥獸 등 다방면에 걸쳐 있다. 자유로운 정신의 약동성을 표현해낸 그의 화풍은 명나라 문인화를 발전시킨 선구적 역할을 했다고 할 수 있다.

자산가이자 지주로서 든든한 경제적 기반을 갖춘 심주는 관직사회에 아첨하는 일 없이 자립 문인으로 화필을 잡으며, 83세로 죽을 때까지 유유자적하게 '시은市隱(도시의 은자)' 생활을 즐겼다. 그의 뒤를 이어 소주 문화의 계승자가 된 문징명文徵明(1470~1559)은 심주의 만년 직제자이며, 문징명의 벗인 당인唐寅(1470~1523)과 축윤명祝允明(1460~1526)도 심주 문하에 자주 출입했다고 한다. 후에 문징명, 당인, 축윤명은 서정경徐楨卿(1479~1511)과 더불어 '오중사재吳中四才(소주의 네 재사)'로 통칭되며, 모두 재야의 대문인으로서 소주를 무대로 크게 활약했다. 심주가 개척한 자립형 문인의 길은 그리하여 확고하게 계승되었던 것이다.

◆ 심주의 그림 「양강명승도책兩江名勝圖冊(五)」 일부

병법가·사상가,
명, 1472~1528

왕양명 - '이치'를 추구했던 생애 -

명나라 중기에 중국의 사상·철학계
에 큰 별이 출현한다. '양명학陽明學'의
시조인 왕양명王陽明(본명은 왕수인王守仁)
이다. 그는 여요현餘姚縣(지금의 저장성
사오싱시 위야오현)에서 태어났으며, 10세 때 아버지가 과거
에 장원 급제하여 북경으로 이주했다고 한다. 초일류 수
재의 아들이었던 왕양명은 문자 그대로 문무를 두루 겸비
한 탁월한 인재였지만, 소년 시절에는 공부하기를 싫어하
여 서당 수업은 빼먹고 전쟁놀이에 여념이 없었다는 일화
가 전한다. 하지만 이후로는 과거 공부가 순조롭게 진행
되었던 듯, 28세 때 과거에 합격하여 관직사회로 진출했
다.

이리하여 정예 문관으로 관직 생활을 시작하기는 했으
나 당시는 환관들이 전횡을 일삼던 시대여서, 왕양명은 정
덕正德 원년(1506) 35세 때 서슬을 환관인 유근劉瑾과 대립
하다 투옥되고, 그 뒤 변경인 귀주貴州로 좌천되는 등 호
된 경험을 치른다. 하지만 중년 이후로는 천부적인 군사

154

적 재능을 살려 정덕 11년 지금의 장시江西, 푸젠福建 지방에서 발발한 반란을 진압하고, 3년 뒤인 정덕 14년에는 명 왕조의 일족인 영왕寧王 주신호朱宸濠가 남창南昌에서 일으킨 반란을 평정하는 등 대활약을 펼쳤다. 그에 따라 명대 제일의 군사 전략가라는 칭송을 받기에 이르렀다. 왕양명은 빛나는 무공으로 정덕 16년 남경의 병부상서兵部尚書(지금의 국방부 장관)가 되었고, 이후에도 지금의 광시廣西 지방에서 일어난 반란을 진압하는 데 참여하는 등 57세로 죽을 때까지 계속 군사적 수완을 발휘했다.

전장에서 활약하는 한편, 왕양명은 철학자이자 사상가로서도 필사적인 사색을 거듭했다. 그리하여 30대 후반에는 독자적인 사상을 세우기에 이르렀고, 만년까지 그것을 심화시켜나갔다. 애당초 그는 남송의 주자朱子(1130~1200)가 수립한 주자학에 심취해 그 핵심인 '격물치지格物致知(사물의 이치를 규명하여 앎에 이르는 것)'를 실천하고자 했다. '격물치지'란 자신 밖에 있는 사물에 대해 하나하나 그 '이理(이치)'를 규명하여 그에 대한 '지知(앎)'를 얻는 것을 말한다.

정열적인 데다가 한 가지 일에 몰두하는 성격이었던 왕

양명은 주자의 학설을 성실히 실천하고자 20년 가까이 노력에 노력을 거듭했다. 그러나 결국 만물의 이치를 하나하나 규명하는 것은 불가능함을 통감하고 독자적인 사상 체계를 고안해내기에 이르렀던 것이다. 궁극적으로 자신의 마음 밖에 있는 사물의 이치를 구하고자 했던 주자와는 달리, 왕양명의 사상은 '심즉리心卽理(마음이 바로 이치)', 곧 어디까지나 자신의 마음속에 있는 이치를 근본으로 여긴다. 또한 지知, 곧 앎의 정의에 대해서도 주자가 외부 사물에 관한 지식이라고 규정한 데 반해, 왕양명은 인간 개개인의 '양지良知(타고난 앎)'가 완전히 실현되는 것, 곧 '치양지致良知(양지를 다 발휘함)'라고 주장한다. 요컨대 왕양명은 이理와 지知를 바깥 사물이 아니라 어디까지나 한 사람 한 사람의 마음속에서 구하고자 했던 것이다.

양명학의 기본 이념인 '심즉리', 더 나아가서 인식과 실천의 통합을 가리키는 '지행합일知行合一'이라는 역동적인 개념은, 왕양명이 서재에 앉아 사색한 철학자이자 동시에 스스로 군대를 이끌고 종횡무진 전장을 누빈 행동파였다는 점과 깊은 관련이 있다고 할 것이다.

◆왕양명의 글『전습록傳習錄』_____

널찍하나 원천이 없는 연못보다는, 작지만 원천이 있어
끊임없이 솟아나는 우물이 더 낫다.

與其爲數頃無源之塘水,

不若爲數尺有源之井水,

生意不窮.

이탁오 - '권위'에 대한 철저한 도전 -

사상가, 명 말기,
1527~1602

　　명나라 말기의 이단 사상가 이탁오
李卓吾(본명은 이지李贄)는 앞서 소개한 왕
양명王陽明의 사상을 이어받은 양명학
파 중에서도 특히 급진적이었던 좌파
의 선두주자로 꼽히는 걸출한 존재이다. 이탁오는 지금의
푸젠성인 천주부泉州府 진강현晉江縣 출신으로, 무역항이
던 천주에는 이슬람교도가 많았다. 이탁오의 집안은 지식
인 계층이었지만 역시 이슬람교를 믿었다고 한다.

　　이탁오는 26세 때 향시鄕試(지방의 과거 시험)에 합격하였
으나 집안의 장남으로 경제적인 사정도 고려해야 했기 때
문에, 그 이상은 바라지 않고 30세에 거인擧人(향시 합격자)
자격으로 지방 관리가 되었다. 그렇게 시간이 흘러 만력
萬曆 8년(1580) 54세가 되자, 집안의 가장으로서 책임을 다
했다고 판단하고 24년에 걸친 관리 생활에 종지부를 찍었
다. 이후 예전부터 깊이 경도되어 있던 양명학을 기초로
자기 나름의 사상체계를 구축하고 저술에 전념하는 나날
을 보냈다. 또한 그는 불교에도 심취하여 퇴직하고 몇 년

뒤에 삭발까지 한 일도 있다. 이에 대해 이탁오는 승적僧 籍에 이름을 올린 것은 아니고, 그저 머리가 가려워서 그 랬던 것일 뿐이라고 말했다 한다.

이탁오는 참으로 과격하고 파격적인 사상가였다. 그는 허위를 벗어던진 순수한 마음인 '동심童心'을 중시하고, '수 신제가치국평천하修身齊家治國平天下'의 전통적인 유교 가 치관은 허위라며 단호히 배격했다. 기성 권위에 대한 그 의 도전은 아주 철저했다. 예컨대 위대한 문장은 오로지 '동심'에서 생겨나는 것이며, 각 시대가 창출해낸 표현 양 식으로 꽃을 피우게 된다고 하면서, 원곡元曲(원나라 때의 희 곡)인 왕실보王實甫의 『서상기西廂記』와 원말 명초에 성립 한 백화 장편소설 『수호전』을 '천하의 문장'이라고 높이 평 가했다. 이와 반대로 유교의 경전으로 손꼽히는 『논어』와 『맹자孟子』에 대해서는 "영원한 진리 따위는 없다. 이것들 을 절대시하는 자는 말라비틀어진 인간뿐이다"(『분서焚書』) 라는 등 가차 없이 혹평을 날렸다.

또한 그는 자신의 저서 『장서藏書』에서, 한 시대에는 그 나름의 기준이 있으므로 역사상의 인물을 고정된 유교적 기준에 의해 일률적으로 평가해서는 안 된다고 주장했다.

그에 따라 탁문군卓文君과의 야반도주 사건 때문에 행실 나쁜 문학자의 전형으로 평가받아온 전한의 사마상여司馬相如, 교활한 영웅으로 지목돼온 조조曹操, 파렴치하고 무절조한 정치가의 대표자로 간주돼온 풍도馮道를 칭찬하는 등 종래의 가치관을 송두리째 뒤집어엎는 시도를 단행했다. 앞에서 소개했다시피 풍도는 당나라가 멸망한 뒤 5대 10국五代十國의 난세를 거치면서 다섯 왕조 11명의 황제를 섬기며 모두 20년에 걸쳐 재상직을 수행한 범상치 않은 경력의 소유자다.

한편 이탁오는 남녀 사이에 우열은 없다는 진보적인 사상을 가지고 여성들도 제자로 받아들였다. 이렇게 모든 면에서 기성의 권위와 가치관을 부정한 이탁오는 결국 '위험한 사상가'로 낙인찍혀 투옥되었다가, 옥중에서 스스로 목숨을 끊었다. 향년 76세였다. 이탁오는 비운의 최후를 맞이했지만, 경직된 유교 윤리에 과감히 칼을 빼어 든 그의 주장은 명나라 말기에서 청나라 초기의 지식인들에게 지대한 영향을 미쳤다.

◆이탁오의 글「동심설童心說」일부 _____

　동심이라는 것은 참된 마음이다. 동심을 불가하다고 하는 것은 참된 마음을 불가하다고 하는 것이다. 동심이라는 것은 허위를 벗어던진 순수한 마음으로, 최초에 있는 일념의 본심이다. 동심을 잃는 것은 바로 참된 마음을 잃는 것이고, 참된 마음을 잃는 것은 바로 참된 인간이 되기를 잃는 것이다. 인간이면서 참되지 않다면 최초의 본심은 더 이상 조금도 있지 않게 된다.

夫童心者, 眞心也.

若以童心爲不可, 是以眞心爲不可也.

夫童心者, 絶假純眞, 最初一念之本心也.

若夫失却童心, 便失却眞心; 失却眞心, 便失却眞人.

人而非眞, 全不復有初矣.

서광계 - 서양 문화의 파이어니어 -

농학자·수학자,
명 말기,
1562~1633

　　명나라 말기의 서광계徐光啓(자는 자선
子先)는 농업 기술에 관한 백과전서『농
정전서農政全書』를 편찬하고, 서양 역
법을 도입해 새로운 달력을 제작했으
며, 유클리드 기하학을 번역한『기하원본幾何原本』을 간행
하는 등 과학 제반 영역에 두루 밝았던 우수한 학자이다.

　서광계는 상해上海 출신으로, 상업을 경영하던 집안은
왜구倭寇의 침략(1553~1557)으로 몰락하여 그가 태어날 무
렵에는 농업과 수공업에 종사하고 있었다. 어릴 적부터
왜구에 관한 이야기를 들으며 자란 일과 일찌감치 농업의
실태를 알게 된 일은, 그가 평생에 걸쳐 국가 방위를 위한
군사 기술에 관심을 기울이고 지속적으로 농업 기술을 연
구하게 된 데에 큰 영향을 미쳤다.

　생활이 궁핍한 가운데서도 학문에 힘쓴 서광계는 만력
萬曆 9년(1581) 20세의 나이로 수재秀才(지방의 과거 예비시험
합격자)가 되었다. 하지만 그 뒤로는 일이 뜻대로 풀리지
않아 수차례 고배를 마신 끝에 만력 25년 향시鄕試(지방의

과거 시험)에 합격하고 만력 32년(1604)에야 겨우 회시會試 (중앙의 과거 시험)에 합격하여 당당하게 관직사회로 진출할 수 있었다. 이때 서광계의 나이 이미 43세였다.

낭인으로 보낸 23년 동안 서광계는 가정교사 등으로 생계를 꾸렸다. 그러던 그에게 일생일대의 변화가 찾아온다. 바로 그리스도교를 접하여 남경에 있던 선교사 마테오 리치利瑪竇와 드 호샤羅如望를 방문하고 서양의 문화와 과학에 대한 이야기를 들은 것이다. 그는 만력 31년에 세례를 받아 중국인 그리스도교도의 지도자가 되었다.

서광계의 관료 생활은 천계天啓 연간(1621~1627)에 맹위를 떨치던 환관 위충현魏忠賢 일파의 탄핵으로 잠시 추방되었던 시기를 제외하면 비교적 순조롭게 이어졌다. 그리고 숭정제崇禎帝(재위 1627~1644)가 즉위한 뒤인 숭정 3년(1630)에는 예부상서禮部尙書(재상)에까지 이르렀다. 그사이 서광계는 만주족의 청나라가 세력을 키워가던 것을 경계하여 군사 교련을 강화할 것을 주장했지만 받아들여지지 않자, 그 대안으로 서양의 화기火器 제조 기술을 도입할 것을 제안했다. 그리하여 아담 샬湯若望 등의 예수회 선교사를 북경으로 불러들여 대포 등의 화기 제조에 착수했다.

또한 서양의 역법을 도입하여 명나라의 달력인 대통력大
統曆을 개정하는 동시에 서양 역학에 관한 책들을 차례로
번역했다. 다만 그가 개정한 역법은 명대에는 사용되지
못하다가, 그가 죽은 숭정 6년(1633)으로부터 11년 후, 명
나라를 멸망시키고 성립한 청 왕조에 의해 새 역법으로 채
택되었다.

공식 업무인 과학 연구와 관련한 작업을 계속하는 한편,
앞서 언급했듯이 서광계는 마테오리치의 도움을 받아『기
하원본』을 번역해 간행하기도 하고, 이전 중국 농학자들
의 주장을 집대성한『농정전서』를 편찬하여 죽을 때까지
손질을 거듭하는 등 조금도 지치지 않고 자신의 주요 연구
를 꾸준히 이어나갔다. 요컨대 서광계가 종래의 중국 과
학자, 이를테면 북송의 심괄沈括 등과 결정적으로 다른 것
은 서양 과학의 기초 지식을 습득한 토대 위에서 중국의
과학을 연구·발전시키려 했다는 점이다. 17세기 중엽의
명나라 말기, 중국 과학은 근대를 목전에 둔 지점까지 도
달해 있었나.

◆서광계의 글「기하원본잡의幾何原本雜議」일부 _____

　대체로 사람이 학문을 할 때 절반 정도를 이해할 수 있
는 것도 있고, 열에 아홉이나 열에 하나를 이해할 수 있는
것도 있다. 하지만 유독 기하학만은 알면 전부 알고 모르
면 하나도 모르는 분야여서, 이해의 등급이나 정도를 논
할 수가 없다.

　凡人學問, 有解得一半者, 有解得十九或十一者.

　獨幾何之學, 通卽全通, 蔽卽全蔽, 更無高下分數可論.

제3장
근대로의 도약

"가을바람 가을비, 사람을 시름겹게 하는구나"

– 추근의 말에서

1. 왕조 교체기를 꿋꿋이 살아가다 - 명말 청초

문장가·편집자,
명 말기,
1574~1646

풍몽룡 - 역사상 최초의 '편집자' -

풍몽룡馮夢龍(자는 유룡猶龍)은 '삼언三言'이라 불리는 백화白話(구어체) 단편소설집의 편집자로 알려져 있다. 『유세명언喩世明言(고금소설古今小說)』, 『경세통언警世通言』, 『성세항언醒世恒言』의 3부작으로 이뤄진 삼언에는 각 40편씩 총 120편의 단편소설이 수록되어 있다. 그중에는 북송 이래로 강담사講談師라고 불리는 이야기꾼들이 번화가의 청중 앞에서 공연한 이야기, 곧 '강담講談'의 텍스트인 화본話本을 거의 원형 그대로 수록한 것과 명나라 때 문인들이 그것을 본떠 지은 의화본擬話本이 뒤섞여 있다. 의화본 가운데는 풍몽룡 자신이 쓴 것도 포함되어 있다.

16세기 말부터 17세기 초에 걸친 명나라 말기에는 출판업이 성황을 이루었다. 풍몽룡은 과거 시험 준비에 필요한 참고서를 편집해 간행하기도 하고, 백화 장편소설인 『수호전水滸傳』을 교정해 호화롭게 장정하여 출판하기도 하면서 능수능란한 편집자로 활약했다. '삼언'은 그가 이렇게 편집자로서 갈고닦은 수완을 발휘하여 고금의 화본 가운데 걸작들을 선별해 펴낸 통속문학의 정수이다.

풍몽룡은 강남의 거대 상업도시 소주蘇州에서 태어나고 자랐다. 그의 가문은 중류 지식인 계층으로, 그 역시 과거 합격을 꿈꾸었지만 57세 때 별도의 방법을 통해 관리 자격을 획득하기까지 약 40년에 걸쳐 수험과 낙제를 반복했다. 그사이 50세 무렵까지는 신참 편집자로서 출판에 관여하는 한편, 부유한 집안의 자제들을 가르치는 가정교사 일로 생계를 꾸려나갔다. 『인경지월麟經指月』이라는 제목의 수험 참고서를 편찬·간행하여 명성을 날린 것도 이 가정교사 시절의 일이다. 만년 낙제생이 수험 참고서로 큰 성공을 거두었다는 것은 참 재미있는 모순이다. 어쨌든 이

성공을 계기로 풍몽룡은 삼언을 비롯해 통속문학 관련 편저들을 차례로 간행하여 소주 출판계의 거물로 떠올랐다.

16세기 말부터 17세기 초의 명나라 말기는 이상한 열기에 들떠 있던 시대였다. 정치, 경제, 문화 등 각 분야에서 종래 가치관에 대한 재검토와 방향 전환이 모색되었다. 문학에 있어서도 정통적인 시와 문장을 중시하던 문학관이 부정되고, 통속적이라며 멸시당해온 백화 소설과 희곡에 대한 평가가 높아졌다. 이러한 분위기 속에서 풍몽룡은 그때까지 존재한 적이 없는 전문 편집자로서 통속문학 서적을 편찬·간행하는 데 종사하여 명말 통속문학의 기수로 주목받기에 이르렀던 것이다.

그래도 풍몽룡은 관료 생활에 대한 환상을 버리지 못하고, 앞서 얘기한 대로 별도의 방법을 통해 관리 자격을 얻은 뒤 수녕현壽寧縣(푸젠성) 지사로 61세부터 5년 동안 재직했다. 비록 변변치는 않았지만 오래도록 마음속에 품어온 꿈을 실현한 뒤, 그는 소주의 출판계로 복귀하여 수년간 편집 활동에 전념했다.

하지만 풍몽룡의 만년은 평온하지 못했다. 숭정崇禎 17년(1644) 명나라를 멸망시킨 청나라 군대가 강남을 향해

노도와 같은 기세로 진격을 개시하자 늙은 몸을 이끌고 반청 운동에 가담해 동분서주하다 청 순치順治 3년(1646)에 곡절 많은 생애를 마친 것이다. 그가 목숨을 잃게 된 상황에 대해서는 여러 설이 분분하나 상세한 것은 알 수가 없다. 통속문학의 기수에서 반청 운동의 노투사로, 풍몽룡은 명나라 말기라는 독특한 시대와 함께 살다 간 인물이라 하겠다.

◆풍몽룡의 글 『정사情史』「정협류총평情俠類總評」일부

영웅호걸이 이 풍진 같은 세상에서 참담한 지경에 빠진 것을, 수염 달린 남자들은 몰라보지만, 여자들은 척 보면 안다. 영웅호걸이 절체절명의 궁지에 몰려 있는 것을, 부자나 권력자들은 급박한 일로 여기지 않지만, 여자들은 급박하게 받아들인다. 명예나 절조와 관련된 일에 이르러서는, 평소 성현임을 자부하는 사람도 두루 온전하게 할 수 없지만, 여자들은 충분히 온전하게 한다.

豪傑憔悴風塵之中, 鬚眉男子不能識, 而女子能識之.

其或窘迫急難之時, 富貴有力者不能急, 而女子能急之.

至于名節關係之際, 平昔聖賢自命者不能周全, 而女子能周全之.

문장가, 명 말기,
1597~1689?

장대 - 가상한 유민 -

명나라 말기의 문인 장대張岱(자는 종자宗子)는 산음山陰(지금의 저장성 사오싱紹興시) 출신이다. 그의 고조부, 증조부, 조부 삼대는 연이어 진사進士(과거 합격자)가 되어 고급 관료로 활약하며 장씨 집안에 빛나는 명예와 막대한 부를 가져다주었다. 하지만 장씨 일족은 관료사회에서 권세를 부리기보다는 삼대에 걸쳐 방대한 분량의 장서를 수집하는 등 학문과 저술을 중시하는 경향이 강했다. 한편 그 일족 중에는 기인도 많아, 선조들과 달리 과거에 내리 낙방했던 장대의 아버지는 신선神仙의 술법에 푹 빠져 뜬구름 같은 속세를 떠나 생활했다.

아버지의 모습을 보고 깨달은 바가 있었는지, 장대는 과거 준비 대신 한량들과 어울려 유람으로 시간을 보내거나 연극, 골동품 수집, 정원 가꾸기, 등산, 음악, 투계, 불꽃놀이 등의 취미에 몰두했다. 한편 그는 엄청난 독서가이자 서적을 사 모으는 데 열정을 쏟은 장서가이기도 했다. 그뿐만 아니라 시문, 수필, 희곡 등 다양한 저술을 시도했으며, 일찍부터 명대明代의 역사를 엮은『석궤서石匱書』집필에도 착수했다. 요컨대 장대는 다재다능하면서도 박학다식한, 재야의 초일류 문인이었던 것이다.

16세기 말부터 17세기 초의 명나라 말기에는 장대 같은 유형의 지식인들이 속속 출현했다. 이 시기에 조정은 황제의 무능과 환관의 전횡에다 관료들의 파벌 다툼까지 겹쳐 부패할 대로 부패해 회복 불능 상태에 빠져 있었다. 이런 상황을 목도하며 염증을 느낀 지식인 계층 가운데서 과거에 합격하여 나라와 백성을 위해 몸 바쳐 일하는 것을 제일로 여기는 기존의 유교적 가치관에 반발해 자유롭게 개인의 삶을 즐기고자 한 사람들이 나타난 것이다.

하지만 지향하는 바가 같은 사람들과 더불어 아무런 구속 없이 살던 장대의 인생은 명의 멸망을 경계로 송두리째 뒤바뀐다. 숭정崇禎 17년(1644) 장대가 48세 되던 해에 명나라는 이자성李自成이 이끈 농민 반란군인 '유적流賊'에 의해 멸망한다. 그 뒤를 이어 유적을 내쫓고 북경을 제압한 만주족의 청 왕조가 강남 각지에 들어선 명나라 망명 정권을 차례로 멸망시키며 중국 전역을 지배하기에 이른다.

이 격동의 소용돌이 속에서 장대는 전 재산을 잃고 궁

핍의 나락으로 떨어졌다. 친한 벗들 가운데는 정복 왕조인 청에 굴복하는 것을 옳지 않게 여겨 저항하다 처형당한 자와 스스로 목숨을 끊은 자도 많았다. 하지만 장대는 살아남는 길을 택했다. 청나라의 지배체제 안으로 들어가는 것을 거부한 채 대가족을 거느리고 속세를 떠나 입에 풀칠하기도 힘든 빈곤한 생활을 이어갔다. 그 가운데서도『석궤서』를 완성하고, 예전의 즐거웠던 날들을 회상한 주옥같은 수필집『도암몽억陶庵夢憶』등 뛰어난 작품들을 저술하는 데 남은 인생을 바쳤던 것이다.

일설에 따르면 장대는 강희康熙 28년(1689) 93세까지 살았다고 한다. 그렇다면 청의 지배 아래서 반세기 가까이를 명나라 '완민頑民(완강한 유민)'으로 살았다는 말이 된다. 실로 가상하다고 하지 않을 수 없다.

◆장대의 글 「자위묘지명自爲墓誌銘」 일부 _____

촉 땅 사람 장대(장대의 먼 선조는 촉 땅 사람이었다), 도암은 그의 호이다. 어려서는 명문 대갓집 아들로 호화로운 것을 무척 좋아했다. 멋진 저택, 아리따운 여종, 어여쁜 소년, 고운 옷, 맛난 음식, 좋은 말, 빛나는 등불, 화려한 불꽃, 연극, 음악, 골동품, 꽃과 새를 좋아했으며, 게다가 차茶라면 사족을 못 쓰고 귤이라면 미치는 데다 문장은 책벌레처럼 좋아하고 시에는 마魔가 낄 정도였다. 그렇게 흥청거리며 반평생을 보냈건만, 이제는 모두 꿈이 되고 말았다. 나이 오십에 이르러 나라가 망하고 집안이 박살나서 산속으로 몸을 피했다. 남아 있는 것이라고는 부서진 침상과 망가진 의자, 찌그러진 솥과 음정이 안 맞는 거문고, 그리고 권수가 모자라는 책 몇 질과 이 빠진 벼루 하나뿐이다.

蜀人張岱, 陶庵其號也.

少爲紈子弟, 極愛繁華, 好精舍, 好美婢, 好孌童, 好鮮衣, 好美食, 好駿馬, 好華燈, 好煙火, 好梨園, 好鼓吹, 好古董, 好花鳥, 兼以茶淫橘虐, 書蠹詩魔, 勞碌半生, 皆成夢幻.

年至五十, 國破家亡, 避迹山居. 所存者, 破床碎几, 折鼎病琴, 與殘書數帙, 缺硯一方而已.

유경정 - 불굴의 천재 예인 -

강담사,
명말 청초,
1587~1666

명말 청초에 살았던 유경정柳敬亭은 한 시대를 풍미한 천재적인 설서예인 說書藝人(강담사)이었다. 그는 열대여섯 살 무렵 고향 장쑤성 태주泰州에서 악랄하기로 유명한 건달 두목을 살해했다가, 순무巡撫(지방의 군사 담당 장관) 이삼재李三才가 정상을 참작해준 덕분에 목숨을 건진 일이 있었다. 이삼재는 반환관파 지식인들의 정치 결사단체인 '동림당東林黨'의 주요 구성원이었다. 유경정은 이삼재와 인연을 맺게 된 일을 계기로, 동림당과 이를 계승한 '복사復社'의 구성원들에게 깊이 공감하여 일생 동안 연대를 유지하게 된다.

감형을 받고 고향을 떠난 유경정은 강담사가 되어 강남 각지를 돌아다니며 기예를 갈고닦았다. 그런 보람이 있어 당시 제2의 도시이자 거대 상업도시인 남경으로 거점을 옮겼을 때는 인기 절정의 유명 강담사가 되어 있었다. 하지만 숭정崇禎 16년(1643), 그는 강담사 생활을 끝내고 무창武昌(후베이성)에 주둔하고 있던 명나라 장군 좌량옥左良

玉의 막료가 된다. 한창 정세가 불안한 때였기 때문에 반란군 편으로 붙을지도 모르는 좌량옥을 견제하기 위함이었다. 좌량옥은 복사라는 단체에 호의적이었으므로, 복사에 속한 누군가가 유경정에게 의뢰했던 것이 아닌가 생각된다. 그리하여 좌량옥을 모시게 된 유경정은 그에게 종종 충신忠臣을 주인공으로 한 이야기를 들려줌으로써 본성이 단순한 무인 좌량옥의 폭주를 막는 역할을 멋지게 수행해냈다.

　다음 해인 숭정 17년, 명나라의 멸망과 동시에 만주족의 청나라가 북경을 제압하고 전 중국 지배를 목표로 강남 진격을 개시한다. 이러한 위기 가운데 남경에서는 명 왕조의 일족인 복왕福王을 옹립한 망명 정권이 들어섰지만, 주도권을 장악한 세력은 어이없게도 명나라 멸망의 원흉이었던 환관과 관료들이었다. 그들은 복왕 정권에 참여한 복사 지식인과 좌량옥을 배척했고, 참다못한 좌량옥은 마침내 군사를 일으켜 남경을 향해 진격했다. 하지만 도중에 좌량옥이 병사하면서 주인 잃은 그의 군대는 복왕군에게 격파당하고 말았다.

　이렇게 하여 눈앞의 위기는 모면했지만, 구심점 없는 복왕 정권이 오래 지속될 리 만무했다. 순치順治 2년(1645) 청나라 군대가 남경에 들이닥치자 복왕 등은 도망치고 복사 지식인의 영수 전겸익錢謙益(1582~1664)은 남은 관료들을 이끌고 청나라 군대에 투항하는 허망한 종말을 맞이하고 말았다. 그사이, 복사 지식인들과 연락을 취하려고 좌량옥 군대가 진격할 때 앞장서서 남경으로 들어왔던 유경정은 청군이 입성할 때도 의연하게 그곳에 머물러 있었다.

이후 청나라의 지배가 부인할 수 없는 현실이 된 정세 속에서 유경정은 강담사 생활로 돌아가 80세로 죽을 때까지 약 20년간 강남 각지를 두루 돌아다녔다. 그는 이렇듯 늙은 몸을 이끌고 강담사 생활을 계속하면서 죽는 순간까지 뜻을 같이해온 복사 지식인들과 교류하며 깊은 신뢰 관계를 유지했다.

명확한 정치의식과 불굴의 의지로 명말 청초의 격동기를 살아내고 싸워나간 명강담사 유경정. 이런 예능인은 장구한 중국 역사를 통틀어 전무후무하다고 할 수 있다. 청나라 조기에 시어신 공상임孔尙任의 의곡 『노와선桃花扇』에는 유경정이 이채로운 매력을 발하는 주요 등장인물로 묘사되어 있다.

◆유경정의 일화 - 장대『도암몽억』「유경정설서柳敬亭說書」일부 _____

　나는 유경정이『수호전』의「무송이 경양강에서 호랑이를 때려잡다」대목을 이야기하는 것을 들은 일이 있는데, 원전과 무척 달랐다. 그 묘사가 그린 듯 매우 분명하여 미세한 데까지 들어갔지만, 그러면서도 덧붙이거나 잘라낸 부분이 감쪽같아 장황한 구석이라곤 전혀 없었다. 목청을 돋우어 큰 종이 울리는 듯한 소리로 결정적인 장면을 이야기할 때면, 호통치고 고함지르는 소리가 쩌렁쩌렁 울려 집이 무너지는 것 같았다.

　余聽其說「景陽岡武松打虎」白文, 與本傳大異.

　其描寫刻畫, 微入毫髮, 然又找截干淨, 幷不嘮叨.

　勃勃夬聲如巨鐘, 說至筋節處, 叱咤叫喊, 洶洶崩屋.

모진 - 서적을 향한 지칠 줄 모르는 열정 -

장서가·출판인,
명말 청초,
1599~1659

　　명말 청초에 살았던 모진毛晉(자는 자진子晉)은 장서가이자 출판인으로 알려져 있다. 지금의 장쑤성 상숙현常熟縣에서 부호의 아들로 태어난 모진은 동향 사람인 대문학자 전겸익錢謙益을 사사하며 학문에 힘썼지만, 과거에는 합격하지 못했다. 그러나 그는 이에 좌절하지 않고 심기일전하여 고향에서 '송본宋本(송나라 때 간행된 서적)'을 중심으로 서적의 선본善本을 수집하는 일에 전념했다.

　　모진은 집 대문 앞에다 "송본을 가지고 오면 한 장당 200냥을 지불함.… 그 외의 선본도 가지고만 오면 다른 집에서 1,000냥을 쳐줄 경우 우리 집에서는 1,200냥을 쳐줌"이라는 벽보를 내걸고 서적을 사들였다. 그 때문에 각지에서 고서를 취급하는 업자들이 쇄도했다.

　　전통 유학은 말할 것도 없고 다양한 분야에 관심을 기울였으며, 서지학에도 정통했던 모진은 이렇게 모은 방대한 서적 가운데 선본을 골라내 장서를 충실히 만들어갔다. 그의 장서는 최종적으로 8만 4,000책冊 이상에 달했다고 한다. 이에 모진은 서고 두 채를 지어 각각 '급고각汲古閣'과 '목경루目耕樓'라 이름 붙인 뒤, 엄청난 양의 장서들을 정리·분류하여 수장했다.

장서 수집에 의욕을 불태우는 한편 출판 활동에도 모진은 적극적이었다. 그의 출판 시스템은 굉장히 합리적이었다. 먼저 장서 중에 출판할 만한 가치가 있는 선본을 골라낸 뒤, 다른 판본과 대조하여 교정작업을 진행했다. 이때 자신의 장서에 없는 판본이 필요한 경우, 소장자에게 빌려와 초본抄本(사본)을 만들었다. 초본을 작성하려면 일손이 필요한데, 모씨 집안에 있던 200명에 달하는 일꾼들이 모두 이 일을 할 수 있었다고 한다. 교정은 모진 본인과 역시 서지학에 정통했던 다섯째 아들 모의毛扆가 담당하는 외에도, 해당 문헌에 해박한 학자를 초빙하여 급고각의 한 방에 모셔다 놓고 작업을 했다. 이리하여 출판 준비를 마치면 급고각 한쪽에 설치해놓은 출판공장에서 각서刻書(글자를 목판에 새기는 일), 인쇄, 장정 등의 작업을 진행했다. 이 제작 과정에는 모씨 집안의 일꾼들을 포함해 항상 200명이 넘는 인력이 동원되었다고 한다.

이와 같은 방식으로 명말에서 청초에 걸쳐 모진과 모의 부자가 간행한 서적은 모두 587종에 달한다. 그 내역을 살펴보면, 방대한 권수의 총서 『십삼경주소十三經注疏』, 『십칠사十七史』, 『진체비서津逮秘書』, 『한위육조백삼가집漢魏六朝百三家集』에서 한나라 때의 자서字書(한자 사전)인 『설문해자說文解字』와 명나라 희곡집인 『육십종곡六十種曲』, 고향인 상숙현의 지방지 등에 이르기까지 참으로 다방면에 걸쳐 있다. '급고각본' 또는 '모본毛本'이라 불리는 이 서적들은 대부분 현재까지도 양질의 판본으로 널리 유통되고 있다.

모진과 모의 부자가 수행한 출판사업은 이렇듯 그 전례를 찾기 힘든 쾌거였지만, 1회의 출판 부수는 기껏해야 200~300부에 지나지 않았다. 그 때문에 밑천을 회수하는 일은 애당초 불가능했다. 이러한 손해가 누적되어 모진의 손자 대에 이르자 모씨 집안은 몰락하고 만다. 그리하여 급고각의 장서는 순식간에 흩어지고 10만 개에 달했던 목판도 다른 사람 손으로 넘어가고 말았다. 오늘날 남아 있는, 모의가 편찬한 급고사 소상노서 목록인 『급고각진장비본서목汲古閣珍藏秘本書目』을 통해 그 장서의 핵심을 엿볼 수 있다는 사실이 그나마 위안이 될 뿐이다.

◆모진에 관한 구전 『소주부지蘇州府志』 _____

360가지 세상의 그 어떤 장사보다도 모씨에게 책을 파는 것이 낫다.

三百六十行生意, 不如鬻書于毛氏.

시인, 명말 청초,
1616~1695?

여회 - 옛 도시에 바치는 애가 -

　　명말 청초의 전환기에 살았던 여회
余懷(자는 담심澹心)는 저명한 시인이며
수필집『판교잡기板橋雜記』의 저자로
알려져 있다. 여회는 부유한 상인의
아들로 남경에서 나고 자랐다. 지금의 푸젠성 보전현甫田
縣 출신이었던 여회의 아버지가 대규모 상업으로 크게 성
공해 강남의 중심도시인 남경으로 이주해왔던 것이다. 여
회는 전통적인 교양에 통달하여 일찍부터 시인으로 이름
을 날렸고, 희곡 작가 이어李漁를 비롯해 많은 문인들과 친
밀하게 교유하며 남경의 화류계인 진회秦淮에도 문턱이
닳도록 드나들었다.

　　과거 시험에는 숭정崇禎 15년(1642) 27세 때 향시鄕試(지
방의 과거 시험)에 낙제한 이후로는 응시한 흔적이 없다.『판
교잡기』에는 향시를 치를 당시 친하게 지내던 기녀가 매
일 점을 쳐주었으나 그 보람도 없이 낙제하고 말았노라는
기록이 있다. 참고로 향시를 치는 '공원貢院'은 진회의 바
로 옆에 있어서, 3년에 한 번씩 돌아오는 시험 기간이면

많은 수험생들이 기방으로 몰려들었다고 한다.

향시에 낙제한 것을 제외하고는 여유롭고 유쾌하기 그지없었던 여회의 인생은, 숭정 17년 29세 때 명나라가 멸망하고 만주족의 청나라가 강남 진격을 개시한 시점에서 격변한다. 여회는 가족을 데리고 소흥紹興(저장성)으로 피난했다가, 남경에 복왕福王을 옹립한 망명 정권이 들어서자 돌아와 가담한다. 이 피난 과정에서 그는 아내를 잃었다.

복왕 정권이 와해되고 청나라의 전 중국 지배가 확립된 뒤, 여회는 주로 소주蘇州에 거주하면서 시와 수필을 쓰는 한편 강남 각지를 여행하며 명나라 유민으로서 여유로운 생활을 계속했다. 아마도 수중에 재산이 남아 있었던 덕분일 터이다. 한마디 덧붙이자면, 앞서 소개한 출판인 모진毛晉은 청나라 초기에 급고각汲古閣에서 여회의 시집인 『강산집江山集』(지금은 남아 있지 않음)을 간행한 일이 있다. 모진의 급고각본은 방대한 권수의 총서 출판으로 유명하지만, 이렇게 동시대인의 귀중한 작품집도 간행했던 것이다. 모진이나 여회 모두 명나라 유민이었으니, 아마도 그들 사이에는 은밀하면서도 강력한 연대의식이 있었을 것이다.

현재 남아 있는 여회의 수필집『판교잡기』는 명나라 말기 남경의 화류계인 진회에서 일세를 풍미하던 기생과 강담사, 악사, 방간幇間(술자리의 흥을 돋우는 것을 업으로 삼는 남자) 등 예능인들의 모습을 전기 형식으로 묘사한 작품이다. 명나라 말기에 명기名妓가 되려면 지적 교양을 갖추고 시와 문장, 서예와 회화에 능해야 했다. 이 때문에 강남의 소주와 남경의 명기 가운데는 유수의 문인들과 대등하게 대화를 주고받으며 정치의식까지 공유하는 이가 많았다.

　　여회는 진회의 명기들과 천재 강담사 유경정柳敬亭을 비롯한 예능인들의 과거와 미래를 더듬어 서술하면서, 그중에서도 특히 명나라가 멸망해가던 혼란기에 의연히 자존심을 지키며 죽어간 명기들의 모습을 안타까운 마음을 담아 묘사했다. 여기에는 일장춘몽처럼 사라져버린 화류계 진회와 멸망한 명나라라는 시대가 매우 절묘하게 겹쳐지고 있다. 명나라 유민 여회가 지은 수필집『판교잡기』는 바로 화류계 수필이라는 형식을 빌려 명나라에 바치는 애가 혹은 만가였던 셈이나. 이렇게 유유히 유민 생활을 계속한 지 50여 년, 여회는 80여 세까지 장수를 누리다 삶을 마쳤다고 한다.

◆여회의 시「간화시看花詩」_____

화창한 봄날 며칠 말미 얻어

남산에 두루 노닐고 다시 서산으로.

길상사에 피어 있는 눈처럼 새하얀 꽃

귀밑머리 희끗하여 돌아온 나를 비웃는 듯.

贏得春晴幾日閑, 南山游遍又西山.

吉祥寺裏花如雪, 笑我歸來兩鬢斑.

유여시 - 총명한 남장 여인 -

문인, 명말 청초,
1618~1664

명나라 말에서 청나라 초에 걸쳐 강남을 무대로 활약했던 유여시柳如是는 기녀 출신 문인이다. 명나라 마지막 황제인 숭정제崇禎帝(재위 1627~1644) 시대, 유여시는 재기 발랄한 명기로서 강남 지식인들의 주목을 한 몸에 받았다. 당시 강남은 부패정치를 규탄하는 지식인 모임인 '복사復社'와 '기사幾社'의 아성이었고, 그들은 종종 회합을 가져 한바탕 토론을 벌이곤 했다.

이 뜨거운 분위기 속에서 유여시는 '기사'의 영수 격인 진자룡陳子龍(1608~1647)과 사랑에 빠져, 그 둘은 숭정 7년(1634)부터 약 2년간 동거하기에 이르렀다. 그동안 그녀는 진자룡으로부터 시문 창작법과 서화 그리는 법 등 많은 것을 배우고, 진자룡이 기사 회원들과 토론을 벌일 때도 함께 참석해 논의에 가담하며 날 선 정치의식을 키워갔다. 하지만 정부인이 있던 진자룡과의 관계는 얼마 못 가 암초에 부딪혔고, 유여시는 스스로 결별을 고했다.

진자룡과 헤어진 후 유여시는 기적妓籍에서 이름을 빼

고 직접 그린 서화를 팔아 생계를 유지하며 강남 각지를 돌아다녔다. 자유로운 여성 문인이 된 것이다. 그동안 그녀는 즐겨 남장을 하였고 검술도 익혔다. 남장 문인 유여시의 운명은, 숭정 13년 23세 때 문단의 거물이자 강남 지식인의 경애 대상이던 재야의 대정치가 전겸익錢謙益과 만나면서 큰 변화를 맞이한다. 그다음 해 유여시는 정식으로 전겸익 집안에 들어갔고, 불교에 귀의해 세속 일에는 무관심하던 정부인을 대신해 전씨 집안의 실질적인 여주인으로서 수완을 발휘했다. 전겸익의 자랑인 서고 '강운루絳雲樓'에 수장된 중요 도서를 정리하고 교정하는 일에서 살림살이에 이르기까지 전씨 집안의 일체를 도맡아 관리했던 것이다.

이렇게 알차고 보람된 나날을 보낸 것도 잠시, 유여시는 곧바로 격동하는 시대의 거센 파도에 휩쓸린다. 숭정 17년, 명나라가 멸망하고 화북을 제패한 청나라가 강남으로 진격해 들어오기 시작한 것이다. 이 위기 상황에서 전겸익은 명 왕조의 일족인 복왕福王을 추대한 남경의 망명 정부에 가담한다. 하지만 복왕 정권은 거듭된 내분으로 제기능을 하지 못했고, 순치順治 2년(1645) 청나라 군대의 공세에 몰리자 전겸익은 복왕 정권의 관리들을 이끌고 투항하기에 이른다. 이후 그는 청 왕조의 관료가 되었다가 몇 개월 뒤 사임하고, 고향 상숙현常熟縣(지금의 장쑤성 쑤저우蘇州)을 거점으로 반청 운동을 전개해나갔다.

유여시는 원래 전겸익이 청나라에 항복하는 것을 반대했다. 그런 연유로 그가 고향으로 돌아와 반청 운동에 관여하자 태도를 바꿔 적극적으로 협력했다. 하지만 강희康熙 3년(1664) 그녀의 옛 연인 진자룡이 체포되어 옥중에서 숨을 거두는 등 반청 운동이 좌절을 거듭하던 바로 그해, 전겸익이 세상을 떠난다. 그 직후, 전겸익의 유산에 눈독을 들인 친척들에게 말도 안 되는 모함을 당하던 유여시는 악랄한 그들을 고발해달라는 유언을 남긴 채 목을 매어 죽고 말았다. 그녀의 나이 47세였다. 명말 청초의 격동기, 유여시는 훌륭한 남성들과의 만남으로 강인한 지성과 날카로운 현실 감각을 연마했고, 그것으로 자신의 삶을 완전히 연소시켰던 것이다.

◆유여시의 사詞「몽강남夢江南·회인懷人」일부 _____

그 사람(진자룡을 가리킴)은 떠났네.

그가 떠난 뒤로 부쩍 꿈에 보이네.

예전 만났을 땐 하고픈 말 다 못 했거니

이제야 소원해진 인연을 남몰래 후회하네.

꿈속에서나 즐거움에 젖어 볼밖에.

人去也, 人去夢偏多.

憶昔見時多不語, 而今偸悔更生疏. 夢裏自歡娛.

2. 역사와 예술을 다시 직시하다 - 청 -

역사가, 청,
1638~1702

만사동 - 시대를 보는 냉정한 시선 -

청나라 초기의 만사동萬斯同(자는 계야季野)은 이색적인 역사가이다. 그의 아버지 만태萬泰는 거인擧人(과거의 지방 시험인 향시 합격자) 자격으로 관리가 되었다가 도중에 사직하고, 고향인 절동浙東(저장성 동부)의 은현鄞縣(지금의 닝보寧波)으로 돌아왔다. 환관의 전횡으로 혼란스러웠던 명나라 말의 정치 상황에 절망했던 것으로 여겨진다. 만태에게는 여덟 아들이 있었는데, 만사동은 그중 막내였다. 궁핍한 생활 속에서도 만태는 아들들을 직접 교육시킨 뒤, 절동 출신의 대학자 황종희黃宗羲(1610~1695)

의 제자로 들여보냈다. 황종희 문하에서 '절동학파'로 통칭되는 우수한 역사학자들이 배출되었으니, 만사동도 그중 한 사람이다.

절동학파의 영수 황종희는 극적인 인생을 살았다. 그의 아버지 황존소黃尊素는 명나라 말기에 환관파와 대립했던 지식인 결사 '동림당東林黨'의 일원이었으며, 천계天啓 6년(1626) 맹위를 떨치던 환관 위충현魏忠賢의 모략으로 옥중에서 사망했다. 명나라의 마지막 황제 숭정제崇禎帝(재위 1627~1644)는 즉위하자마자 위충현을 탄핵했고(뒤에 자살함), 그의 마수에 걸려 희생된 동림당 회원들의 명예 회복을 추진했다. 황종희는 여전히 악랄함을 떨치던 환관파 관료 두 명의 처형을 요구했고, 심문이 열리는 동안 그들에게 철퇴를 휘둘러 부상을 입혔다. 그 후 동림당 회원을 옥중에서 학살한 옥졸 둘을 찔러 죽인 일도 있었지만, 숭정제는 모두 불문에 부쳤다.

명나라가 멸망한 뒤 황종희는 반청 운동에 투신하여 고향의 자제들을 규합해 강남 각지에서 청나라 군대와 전투를 벌였다. 하지만 명나라의 부활이 절망적임을 깨닫고, 고향으로 돌아가 학문과 저술에 몰두하며 세월을 보냈다.

국가란 어떠해야 하는가를 논증한 그의 대표작『명이대방록明夷待訪錄』은 후세에 지대한 영향을 미쳐 청나라 말기, 중화민국 초기의 대언론인 량치차오梁啓超는 그를 '중국의 루소'라 칭송했다.

청 왕조의 기초가 공고해진 뒤, 대학자 황종희는 몇 번이나 출사를 요청받았지만 모두 사절했다. 강희康熙 18년(1679)『명사明史』편찬사업에 협력해줄 것을 의뢰받았을 때도 자신은 역시 사양했지만, 대신 아들인 황백가黃百家와 제자 만사동을 추천했다. 만사동은 스승의 뜻을 이어받아 평생에 걸쳐 벼슬하지 않은 채, 협력자 신분으로『명사』편찬에 온 힘을 쏟았다. 박학다식했던 만사동은 각종 명나라 기록에 정통했기 때문에 자신이 축적한 지식을 아낌없이 제공함으로써『명사』를 충실하게 완성하고자 애썼던 것이다.

역사가 만사동의 최대 업적은 60권에 달하는『역대사표歷代史表』를 만든 것이다.『역대사표』는 한나라에서 송나라까지, 각 시대마다 중직을 맡았던 사람의 명단인 장상대신연표將相大臣年表와 각 주州 상관의 명단인 방신년표方鎭年表를 연대순으로 작성한 것으로, 극도로 정확하고 치밀한 작업이었다. 이름만 나열한 단순한 목록처럼 보이지만 이를 통해 각 시대의 권력 구도를 한눈에 파악할 수 있어서 가히 압권이라 부를 만하다. 정복 왕조에 격앙된 태도를 보였던 황종희가 제1세대 명나라 유민이라면, 역대 왕조의 흥망과 정치 상황의 변천을 냉정하게 투시했던 제자 만사동은 제2세대 유민이라고 할 수 있다. 어느 모로 보나 제2세대 유민다웠던 만사동은 강희 41년(1702) 65세를 일기로 세상을 떠났다.

◆만사동, 「여종자정일서與從子貞一書, 조카 정일에게 보내는 편지」 일부 _____

고금의 법전과 제도가 마음속에 훤하며 정연하게 체계가 잡혀 있어 실제로 만세에 통하는 장기 정책을 세울 수 있어야 훗날 임용되면 제왕의 스승이 되고, 임용되지 못하면 저술을 명산에 남겨 후세의 모범이 될 것이다. 이러해야 비로소 유학자의 실학이 될 수 있으며, 나 또한 하늘을 우러르고 땅을 굽어보아 부끄러움이 없을 것이다.

古今之典章法制燦然于胸中, 而經緯條貫實可建萬世之長策, 他日用則爲帝王師, 不用則著書名山, 爲後世法, 始爲儒者之實學, 而吾亦俯仰于天地之間無愧.

팔대산인 - 침묵하며 내면을 직시하다 -

화가, 청,
1626~1705

청나라 초기의 화가 팔대산인八大山
人은 본명이 주통란朱統鑾 혹은 주탑朱
耷이라고 하며, 명 왕조의 일족이다.

일족의 선조인 주권朱權은 명나라 초
대 황제 홍무제洪武帝의 아들로서, 그 자손들은 팔대산인
의 아버지 대에 이르기까지 200여 년에 걸쳐 남창南昌(장시
성)에서 살았다.

명·청 왕조 교체기를 살았던 많은 사람들과 마찬가지로,
팔대산인의 인생 또한 숭정崇禎 17년(1644) 19세 때 명나라
의 멸망과 청나라의 강남 진격을 전후로 격변을 겪는다.
명나라 왕족의 먼 후예였던 그는 청나라 군대에 체포될까
두려움에 떨며 홀로 남창을 탈출하여 5년 동안 산속의 절
을 전전하는 도망자 생활을 하게 되었다.

청 왕조의 지배가 본궤도에 오른 순치順治 5년(1648), 팔
대산인은 결국 출가하여 불문(선송 계열의 소동통曹洞宗)에 들
어갔다. 이후 불도 수행에 힘쓰는 한편 화필을 잡게 된 팔
대산인은 그림을 잘 그리는 고승으로서 점차 명성을 얻게

되었다. 그러다가 출가한 때로부터 31년이 지난 강희康熙 18년(1679), 그에게 또다시 위기가 닥친다.

그해 팔대산인은 남창에서 10km 남쪽에 위치한 임천현臨川縣 지사의 초청으로 시문을 짓는 모임에 참석했다가 그대로 붙들려 약 1년 반에 걸쳐 관가에 연금되고 말았던 것이다. 때는 바로 청나라의 지배체제를 공고히 하는 데 공헌하여 파격적 대우를 받던 오삼계吳三桂 등 명나라 세 장수가 특권을 박탈하려는 청 왕조에 반기를 든 '삼번三藩의 난' 와중이었으니, 어쩌면 팔대산인의 연금 사건도 이와 관련이 있었을지 모른다.

아무튼 장기간에 걸친 연금 결과, 신경 계통에 이상이 생긴 팔대산인은 관가를 탈출해 고향 남창으로 도망쳐왔다. 임천현 지사도 그런 팔대산인이 별로 위협적이지 않다고 판단했는지 다시 잡아들이지는 않았다.

남창으로 돌아온 팔대산인은 조카의 보살핌을 받으며 오랜 기간 요양한 덕분에 차츰 정신 상태가 안정되었고, 다시 왕성하게 그림을 그리기 시작해 평판도 높아졌다. 하지만 그는 아무리 많은 돈을 가지고 찾아와도 고급 관료나 재산가의 주문에는 절대로 응하지 않았다. 그러던 끝에 일일이 거절하기도 귀찮다며, 아예 벙어리 행세를 하면서 누구와도 말을 하지 않게 되었다. 그래도 저잣거리에서 사람들에게 술이라도 한잔 대접받을라치면, 즐거이 화필을 들고 단숨에 작품을 완성하곤 했다. 입은 절대 열지 않았지만, 술에 진탕 취할 때면 흐느끼면서 주르르 눈물을 흘리곤 했다고 한다. 명·청 교체기에 맞닥뜨려 운명의 격변을 신물 나도록 맛본 그가 '팔대산인'이라는 호를 사용하기 시작한 것은 59세부터이다.

이후 정복 왕조 청에 대한 원망을 담은 팔대산인의 화풍은 더욱 날카로워졌다. 그는 번뜩이는 눈으로 쏘아보는 물고기, 예리한 눈초리로 흘겨보는 새 등 독특한 제재를 기백 넘치는 화풍으로 묘사했다. 만년에 이를수록 화가로서 성숙도를 높여가던 팔대산인은 차례로 걸작을 내놓다가 강희 44년(1705)에 저세상으로 떠났다. 향년 80세, 남창으로 돌아온 지 25년 뒤의 일이었다. 눈앞의 대상을 보이는 그대로 화폭에 옮기는 사생寫生보다는 화가의 내면을 응축해 표현하는 것을 중시한 그의 화풍은 '양주팔괴揚州八怪'를 비롯한 후세 화가들에게 지대한 영향을 미쳤다.

◆팔대산인의 그림「하석수금도축荷石水禽圖軸」

공상임 - 동란의 시대를 선명하게 묘사하다 -

희곡가, 청,
1648~1718

중국에서 희곡 장르가 확립된 것은 원나라 때의 일이다. 그 당시 몽골식 통치체제에서 배척된 지식인들 가운데 연극이나 강창講唱(이야기와 노래를 섞어 연출하는 중국 문학의 한 양식) 같은 민중예술 분야에서 활로를 찾는 사람들이 점차 나타났다. 관한경關漢卿, 정덕휘鄭德輝, 백인보白仁甫, 마치원馬致遠 같은 희곡 사대가四大家를 비롯해 뛰어난 희곡가들이 차례로 배출되어 '원곡元曲'이라 불리는 독특한 희곡 양식이 발전하게 되었다. 원곡은 4막 구성을 원칙으로 하며, 노래를 부르는 자는 주인공 한 사람으로 한정한다.

원나라의 뒤를 이은 한족 왕조 명나라 시대에는 유수의 문인들이 앞다투어 희곡을 창작하면서, 복잡하면서도 정교하고 치밀한 구성을 가진 대작들이 속속 출현했다. '명곡明曲'도 원곡과 마찬가지로 일종의 가극이지만, 막의 수에 제한이 없고 등장인물 전체가 노래를 할 수 있다는 점에서 차이가 난다. 이 때문에 막 수가 많은 장편 희곡이 주류를 이루어 50막이나 60막에 달하는 작품도 드물지 않았다. 명곡의 대표 작가로 꼽히는 사람이 바로 '중국의 셰익스피어'로 불리는, 명나라 말기 『모란정환혼기牡丹亭還魂記』의 작가 탕현조湯顯祖(1550~1616)이다.

만주족 왕조인 청나라에 들어서도 장편 희곡의 융성기는 계속되었다. 강희 연간(1662~1722)에는 홍승洪昇(1645~1704)의 『장생전長生殿』(전 50막)과 공상임孔尙任(자는 빙지聘之)의 『도화선桃花扇』(전 40막)이라는 2대 걸작이 탄생했다. 홍승의 『장생전』은 당나라 현종과 양귀비의 사랑에 관한 전말을 그린 것이다. 공상임의 『도화선』은 '복사復社(환관의 횡행으로 부패한 명나라 말기의 정치 상황에 이의를 제창한 정치·문학 결사)'에 속한 문인 후방역侯方域과 호방하고 의협심 강한 기녀 이향군李香君의 사랑을 중심으로, 다양한 등장인물들을 연관시키면서 명나라 멸망 전후의 격동기를 눈에 보일 듯이 생생하게 조각해낸 작품이다.

『도화선』의 작자 공상임은 공자의 64대손으로, 30대 후반까지 곡부曲阜(산둥성)에서 살았다. 그의 인생에 전기가 된 사건은 강희 23년(1684) 37세 때 곡부에 있는 공자의 묘를 방문한 강희제康熙帝(재위 1661~1722)에게 진강進講(왕이나

황제에게 강의하는 것)을 한 일이었다. 이를 계기로 공상임은 국자감國子監 박사(오늘날 국립대학교 교수)에 임명되어 북경으로 가게 된다. 2년 후 그는 다른 관직을 겸임하여 강남으로 장기 출장을 가 2년 동안 체류하게 되었다. 이때 공상임은 화가인 석도石濤를 비롯해 많은 명나라 유민들과 안면을 트고, 그들에게서 여러 가지 이야기를 듣게 된다. 이 경험이 『도화선』을 구상하고 집필하는 기초가 되었다. 이후 공상임은 십수 년에 걸쳐 퇴고에 퇴고를 거듭한 끝에, 강희 38년(1699) 마침내 『도화선』을 완성했다.

『도화선』의 인기는 대단해서 전국 각지에서 상연되었다. 그러나 『도화선』을 읽어본 강희제는 명나라 멸망을 애석히 여기는 내용에 불쾌감을 품었다고 한다. 이것이 원인이 되어 사직한 공상임은 곡부로 귀향하여 죽을 때까지 10년간 은둔 생활을 했다. 청나라 관료체제에 속해 있으면서도 명나라 유민에 공감하여 명나라 말기의 저항과 문인과 기녀의 사랑을 그렸던 희곡가 공상임. 공자의 자손인 그의 반골 기질은 결코 미욱한 것이 아니었다.

◆공상임의 시 「북고산간대강北固山看大江」 _____

외로운 철옹성, 사방에는 산들이 둘러섰는데

산 정상 드높은 가을 하늘, 석양 속에 앉았어라.

세차게 (동쪽) 바다로 흐르는 장강을 보노라니

푸른 하늘이 도리어 서쪽으로 날아가는 듯.

孤城鐵甕四山圍, 絶頂高秋坐落暉.

眼見長江趨大海, 靑天却似向西飛.

납란성덕 - 죽음의 징조를 예감하면서 -

청나라 초기의 문장가 납란성덕納蘭
性德(자는 용약容若)은 북송 시대 이래 문
학 장르의 한 영역을 차지하게 된 사詞
의 명인으로 많은 걸작을 남겼다.

'납란'이라는 성에서 알 수 있듯이, 그는 여진족(만주족)
출신으로 청나라 황제의 일족과도 친척 관계에 있었다(납
란성덕의 할아버지와 청나라 제4대 황제 강희제의 할아버지가 사촌 형
제지간이다). 이 때문에 그의 아버지 납란명주納蘭明珠는 요
직을 두루 거치며 큰 권세를 누렸다. 납란명주에게는 탐
욕스러운 권력 지향적인 면이 있었지만, 그의 아들 납란성
덕은 명리名利에 초연한 인물이었다.

어린 시절부터 총명하여 많은 책을 섭렵하고 시를 짓
는 데도 뛰어났던 납란성덕은 18세 때 지방의 과거 시험
인 향시鄕試에 합격하고, 다음 해에는 중앙에서 치르는 과
거 시험인 회시會試에도 합격했다. 그 후 병 때문에 시간
상 약간의 공백이 있었지만, 강희 15년(1676) 22세로 전시
殿試(황제가 주관하는 최종 시험)에 합격하여 황제를 가까이에

서 모시는 측근 중의 측근인 시위侍衛로 임명되었다. 이후 납란성덕은 31세로 요절하기까지 시위로서 계속 강희제 (1654~1722, 재위 1661~1722)를 모셨으며, 강희제가 중국 각지를 순방할 때도 반드시 수행했다. 앞서 서술했듯이 납란성덕과 강희제는 친척인 데다 같은 세대이기도 해서, 보통 군주와 신하 사이에서는 보기 힘든 끈끈한 신뢰 관계로 맺어져 있었다. 한편 납란성덕은 용모 또한 수려하고 문무를 두루 갖춰, 글자 그대로 붓으로 그린 듯한 귀공자였다.

이렇듯 납란성덕은 무엇 하나 부족할 것 없는 전형적인 귀공자였음에도, 마치 자신의 요절을 예감이라도 한 듯 영화榮華 뒤편에 도사린 멸망의 조짐을 읽어내는 과민한 감각을 소유하고 있었다. 그래서인지 그의 사詞는 명나라의 멸망을 주제로 한 것 등 역대 왕조의 쇠망을 묘사한 작품 중에서 유독 걸작이 많다.

국가의 쇠망에 과도하게 예민했던 그는 사람을 대할 때도 화려하게 전성기를 구가하는 자는 피하고 우수하며 성실한데도 불우한 인물에게는 공감하여 가능한 한 힘을 보탰다. 납란성덕의 벗 중에는 명나라 유민이나 그 자손들이 많았다. 멸망한 조국에 대한 애정을 마음 깊숙이 품고 있던 그들과 망년우忘年友(나이 차를 초월한 친구)를 맺으면서 마지막을 예감하는 그의 감각이 한층 더 예민해진 것이 아닌가 생각된다.

한편 납란성덕은 연가戀歌나 여성의 아리따운 자태를 묘사한 사 중에서도 훌륭한 작품들을 많이 남겼다. 실제 생활에서도 여러 궁녀와의 연애 끝에 만난 사랑스러운 아내 노씨盧氏(청나라의 중신 노흥조盧興祖의 딸)와 23세 되던 해 사별하는 등 여러 가지 부침을 겪었다.

명문가의 귀공자이면서도 자신에게 다가오는 죽음의 그림자를 온몸으로 느끼며 명리에 무관심하고 호사스러운 생활에도 물들지 않은 채, 오로지 불우한 벗들에게 공감하고 애정에 충실한 일생을 보낸 요절 사인詞人 납란성덕. 이 유례를 찾기 힘든 인물이 바로 18세기 중엽 조설근曹雪芹(1715?~1763?)이 쓴 중국 고전소설의 최고봉『홍루몽紅樓夢』의 주인공인 가보옥賈寶玉의 모델이었다는 설도 있다. 과연 일리 있는 이야기다.

◆ 납란성덕의 사詞「보살만菩薩蠻」

개암나무 가시나무만 가득한 산성 길.

날아가는 기러기, 시름겨운 날 위해 멈추지 않네.

저 어디가 장안인지.

음습한 구름이 비를 몰고 와 추위를 더하네.

빗줄기 줄기마다 마음은 찢어질 듯.

이는 분명 가을을 슬퍼하는 눈물이리.

눈물은 나그네 길에 많은 법인데

돌아온 지금은 어찌 또 많은 것인지.

榛荊滿眼山城路, 征鴻不爲愁人住.

何處是長安, 濕雲吹雨寒.

絲絲心欲碎, 應是悲秋淚.

淚向客中多, 歸時又奈何.

* 작자는 이 여행 직전에 아내와 사별한 듯하다.

화가, 청

양주팔괴 - '괴'물들의 자유분방한 붓 -

18세기 청나라, 소금 상인들의 근거지로서 발전한 강남의 거대 상업도시 양주揚州를 무대로 '양주팔괴揚州八怪'라 통칭되는 8명의 화가가 활약했다. 이 8명이 누구인지에 대해서는 여러 설이 있지만, 대체로 김농金農, 정판교鄭板橋, 이선李鱓, 황신黃愼, 나빙羅聘, 이방응李方膺, 왕사신汪士愼, 고상高翔을 꼽는다. 파격적인 화풍으로 유명한 그들은 살아간 방식도 자유분방하기 그지없어서, '기이할 괴怪'라는 호칭과 썩 잘 어울린다.

'팔괴'의 우두머리 격인 김농(1687~1763, 동심冬心이라는 호로 알려져 있다)은 중국 각지를 돌아다니던 끝에 60세가 넘어 양주에 정착했다. 이후 죽을 때까지 10여 년간 글과 그림을 팔아 생계를 꾸려나갔다. 어쩌다 큰돈이 들어올라치면 곧바로 다 써버리곤 했기 때문에 언제나 찢어지게 가난했지만, 김농은 이 극빈한 생활조차 대수롭지 않게 여기며 그저 흥취가 나는 대로 붓을 휘둘렀다. 대나무, 매화, 부처, 말馬 등을 소재로 한 그의 작품은 금석학金石學(금속이나

석재에 새겨진 글을 토대로 언어를 연구하는 학문) 쪽의 교양을 살린 풍취 있는 글씨와 소묘풍의 그림이 멋들어지게 어우러져, 그 무엇에도 구속되지 않는 독특하고 약동감 넘치는 세계를 구현하고 있다.

'팔괴' 가운데 김농의 애제자였던 나빙은 대낮에 유령이 보인다는, 특이한 감각의 소유자였다. 이 뛰어난 육감을 살려 다양한 유령과 요괴들이 변화하는 모습을 생생하게 묘사한 「귀취도鬼趣圖」는 기이한 박력이 넘치는 걸작이다.

사제 관계인 김농과 나빙을 비롯하여 정판교를 제외한 '팔괴'의 다른 구성원들은 모두 관직과는 인연이 없는 생애를 보냈다. 양주에서 오랫동안 글과 그림을 팔아 생활하던 정판교(1693~1765, 본명은 정섭鄭燮, 판교는 호)만이 중년에 이르러 과거에 합격했다. 그는 중앙의 관직사회와는 인연을 맺지 않고 현縣의 유능한 지사로서 10년 넘게 관리 생활을 했다. 하지만 처음부터 끝까지 철저하게 청렴결백한 관리로 살던 정판교는 악덕 관리와 탐욕스러운 지방 유력자들과의 끊임없는 대립에 염증을 느끼고 사직했다. 그 뒤 양주로 돌아와 다시 글과 그림을 팔아 생활했다. 그때 그의 나이 61세였다.

정판교가 빼어난 솜씨를 자랑한 분야는 난초와 대나무 그림이었으며, 그중에서도 대나무를 즐겨 그렸다. 또한 서예에서는 다양한 서체를 융합하여 '육분반서六分半書'라 불리는 독자적인 서체를 고안해냈다. 그의 작품은 바로 이러한 글씨와 그림이 조화된 것이다. 시간이 지나면서 그의 화풍에 대한 평판이 높아지자, 다른 한편에서는 계책으로 그를 속이고 그림을 뺏어가려는 자도 나타났다. 이에 참다못한 정판교는 스스로 서화의 가격표를 작성해 공개했다. 이전까지 서화의 가격이란 없는 것이나 마찬가지여서 서예가나 화가는 자립해 살아가기가 곤란했고, 따라서 권세 있는 후원자를 찾아가 의지하는 수밖에 없었다. 정판교는 이런 상황에 이의를 제기하여 서예가이자 화가로서 용감하게 자립을 선언했던 것이다.

김농과 정판교를 필두로 한 '팔괴'는 명나라 중기 소주蘇州에서 활약한 '오중사재吳中四才'의 명맥을 계승하여, 청나라 중엽 양주를 거점으로 자립형 서예가·화가로서 살아가는 방법을 모색했다. 이렇게 명에서 청으로 왕조는 교체되었지만, 그것을 초월하여 비록 소수일지라도 사대부士大夫 지식인 안에서 자유를 추구하며 자립 생활을 지향한

사람들이 끊이지 않고 출현했다는 점은 특기할 만한 사실
이다.

◆정판교의 글 「판교윤격板橋潤格(정판교가 그린 그림의 값)」
일부 _____

큰 폭은 6냥, 중간 폭은 4냥, 작은 폭은 2냥, 족자나 대련
은 1냥, 부채에 그린 것이나 두방斗方(상자나 궤짝에 붙이는 사
방 한 자짜리 그림)은 5전입니다. 예물이나 음식으로 주시는
것은 백은(현금)이 효과를 발휘함만 못합니다. 당신이 주
는 것이 반드시 제가 좋아하는 것은 아닐 수 있으니까요.
현금으로 보내주시면 마음속이 즐거워져 글씨도 그림도
모두 멋지게 됩니다.

大幅六兩, 中幅四兩, 小幅二兩, 條幅·對聯一兩, 扇子·斗方五錢.

凡送禮物·食物, 不如白銀爲妙. 蓋公之所送, 未必弟之所好也.

若送現銀, 則中心喜樂, 書畵皆佳.

조익 - 대기만성의 재능 -

문학자·역사가,
청, 1727~1812

　조익趙翼(자는 운송耘松, 호는 구북甌北)은 청나라 중기 유수의 문학가이자 역사학자로, 양호현陽湖縣(현재의 장쑤성 창저우常州시) 출신이다.

　15세 때 서당 훈장이던 아버지가 돌아가신 후 집안을 떠맡게 된 장남 조익은 생활고에 쫓기다 건륭乾隆 14년(1749) 23세 때 수도 북경으로 향했다. 시문 창작에 능숙했던 그는 대필을 하거나 자신의 글을 팔아 생계를 유지하면서 차차 유명해졌다. 그리하여 고급 관료인 유통훈劉統勳의 사저에 머물면서 문장과 관련된 일을 하게 되었다. 그곳에서 생활이 보장되자 건륭 15년 향시鄕試에 응시해 합격했다. 그러나 중앙 시험인 회시會試는 좀처럼 통과하지 못해, 다섯 번이나 낙제를 거듭한 끝에 건륭 26년에야 가까스로 합격했다. 회시에 합격하기까지 11년간 조익은 향시의 주임 시험관이던 왕유돈汪由敦의 사저에 기거하며 군기처軍機處(정책을 결정하는 최고 기관)에서 공문서의 초안을 작성하는 일로 생계를 꾸렸다. 왕유돈의 집에는 많은 장서들이 있어서 조익이 역사가로서 기초를 다지는 데 큰 도움이 되었다.

우여곡절을 거쳐 35세에 회시에 합격해 관직사회로 진입했지만, 사실 이 합격도 그에게는 불만족스러운 것이었다. 왜냐하면 당시 시험에서 조익이 수석을 차지했으나, 건륭제乾隆帝(재위 1735~1796)의 뜻에 따라 산시성陝西省 출신인 3등 합격자와 순위가 바뀌었던 것이다. 역대 시험에서 강남 출신 장원이 많았던 반면 산시성에서는 한 명도 나오지 않았다는 것이 그 이유였다. 이때부터 운이 꼬이기 시작했던 것인지, 그의 관료 생활은 전반적으로 평탄하지 않았다. 처음 6년간은 촉망받는 인재로서 한림원翰林院(왕명을 공포하는 조서의 초안을 잡는 일을 맡아보던 관아)에서 근무했지만, 그 뒤로는 각지를 전전하며 지방 근무를 거듭했다. 건륭 35년 44세로 광둥성 광주부廣州府의 장관이 된 것을 마지막으로, 그 2년 뒤에는 관직에서 손을 떼고 귀향하기에 이른다.

조익은 젊은 시절부터 시인으로 유명해 당대의 대문인 원매袁枚(1716~1797)와도 교유했다. 관직에서 물러난 후 50세 무렵부터는 역사학에 중점을 두었으며, 무려 70세 때 그의 대표작 『입이사차기廿二史箚記』(36권)를 완성했다. 청나라 중기의 역사학은 역사적 사실의 고증이나 오류 정정을 주된 분야로 삼는 고증학이 주류를 이루고 있었다. 각 시대의 정사正史를 다룬 전대흔錢大昕(1728~1804)의 『입이사고이廿二史考異』(100권), 왕명성王鳴盛(1720~1797)의 『십칠사상각十七史商榷』(100권), 조익의 『입이사차기』도 고증학 계통에 속하는 거작이다.

다만 조익의 저작은 사소한 사물이나 언어에 대한 고증보다는, 각 시대별로 중요한 문제와 모순점을 꼽은 뒤 역사적 사실을 열거하며 비교·연구한 데에 특색이 있다. 따라서 단순히 역사서로서뿐만 아니라 읽을거리로도 상당한 재미가 있다. 앞서 소개한 만사동과 달리 조익은 원래 계통 있는 역사학적 수련 없이 문학 영역에서 경계를 넘어 독학으로 역사학자가 되었기 때문에, 오히려 고증학의 엄격한 이론에서 좀 더 자유로웠던 덕분일 터이다.

조익은 지방 근무를 계속하며 막대한 재산을 축적했던 듯, 생애 후반기에는 느긋하게 역사학에 정진하고 꾸준히 시도 쓰면서 많은 자손들에게 둘러싸여 86세까지 장수를 누렸다. 가난했던 젊은 시절과 불우했던 관료 생활을 보상하고도 남을 만한 만족스러운 여생이었다고 할 수 있겠다.

◆조익의 글 『입이사차기』「삼국 군주들의 용인술 차이 三國之主用人各不同」 일부 _____

인재는 삼국시대에 가장 많이 배출되었으며, 오직 삼국의 군주만이 그들을 적재적소에 쓸 줄 알았다. 그래서 여러 사람이 힘을 합쳐 삼국 정립의 형세를 이룰 수 있었던 것이다. 하지만 그 용인술에는 각기 차이가 있었으니, 대체로 조조는 (냉철한) 권모술수로 조종하고, 유비는 (논리를 초월한) 정으로 관계를 맺었으며, 손권 형제는 (목표를 향한) 사명감으로 의기투합하게 했다.

人才莫盛于三國, 亦惟三國之主各能用人.

故乃衆力相扶, 以成鼎足之勢.

而其用人亦各有不同者, 大概曹操以權術相馭, 劉備以性情相契, 孫氏兄弟以意氣相投.

3. 서양과 마주 향하여 - 청말·민국초

정치가, 청 말기,
1785~1850

임칙서 - 아편을 불태운 용기 -

임칙서林則徐(자는 소목少穆)는 중국이 서양의 충격에 노출된 청나라 말기에 활약했던 걸출한 정치가이다. 그는 후관현侯官縣(푸젠성) 출신으로, 그의 아버지는 과거 시험에 떨어진 가난한 서당 훈장이었다. 아버지의 기대를 한 몸에 받으며 가경嘉慶 16년(1811) 27세로 '회시會試'에 합격한 임칙서는 황제가 주관하는 최종 시험인 '전시殿試'에도 우수한 성적으로 합격하여 관직사회로 들어섰다.

이때 만주족의 청나라는 제4대 황제 강희제康熙帝(재위

1661~1722), 제5대 옹정제雍正帝(재위 1722~1735), 제6대 건륭제乾隆帝(재위 1735~1796) 삼대에 걸친 최고의 전성기를 지나 내리막길로 접어들고 있었다. 임칙서가 벼슬을 시작한 제7대 가경제嘉慶帝(재위 1796~1820) 시대에는 황제가 즉위하자마자 백련교도白蓮敎徒의 난을 비롯한 민중 반란이 격화되고, 황하의 둑이 터지는 등 자연재해도 빈번해 사회 불안이 증폭되고 있었다.

이렇게 불안한 정세 속에서도 임칙서는 순탄하게 정예 관료의 길을 걸었다. 가경 25년(1820) 36세 때 강남도江南道 감찰어사監察御史로서 전출 간 것을 시작으로, 제8대 도광제道光帝(재위 1820~1850) 시대에 들어서도 장쑤성江蘇省을 중심으로 한 강남의 행정장관을 역임하며 승진을 거듭했다. 그사이 임칙서는 약 15년에 걸쳐 강남의 수해대책 마련, 조운漕運의 합리화, 소금정책 개혁 같은 난제들과 씨름하며 청렴결백한 관리로 높은 평가를 받았다.

임칙서의 관료 생활은 도광 19년(1839) 아편 문제 처리 책임자에 임명되어 흠차대신欽差大臣(황제의 칙사)으로 광둥성廣東省에 파견된 일을 계기로 일대 전기를 맞이한다. 임칙서는 치밀한 계획과 단호한 태도로 아편 상인과 그들의 배후인 영국 정부에 맞대응하며 2만 200상자가 넘는 아편을 몰수해 소각하는 쾌거를 이루었다. 그러자 영국 정부는 이러한 조치에 반발하여 중국으로 파병을 강행해 아편전쟁(1840~1842)이 발발하게 된다.

이때 철저히 항전할 것을 주장한 임칙서는 의용군을 조직하여 영국군에 과감히 맞서 싸워나갔다. 하지만 시종일관 두려움에 떨던 북경 조정에서는 주화론이 우세를 얻어, 그는 도광 21년(1841) 파면당하고 이듬해 변경인 이리伊犂(신장위구르자치구)에 유배되고 말았다. 유배지에서 3년을 보낸 뒤 겨우 고향으로 돌아온 임칙서는 관직에서 물러날 것을 청했지만 그 뜻을 이루지 못하고, 조정의 요청으로 태평천국 운동을 진압하러 가던 도중 사망하기에 이른다. 향년 66세였다.

임칙서는 유능한 실무가이자 행정가였다. 그는 투철한 시대 인식으로 아편전쟁에서 영국과 맞서 싸울 것을 주장한 반면, 그러기 위해서는 상대의 사정을 속속들이 파악하는 것이 필요하다며 서양의 신문, 잡지, 서적들을 수집해 번역하도록 했다. 이 작업의 성과는 그의 친구 위원魏源(1794~1857)이 쓴 『해국도지海國圖志』에 집약되어 있다. 서양의 부조리한 압력에 굴복하기를 거부했던 임칙서. 그는 동시에 서양 문화의 장점에 눈을 돌린 최초의 근대 중국인 이기도 했던 것이다.

◆임칙서의 글 「영국 국왕에게 보내는 격문擬諭英吉利國王檄」 일부

또한 들으니 귀 국왕의 수도인 런던과 스코틀랜드, 그리고 아일랜드 같은 곳은 본래 모두 아편의 산지가 아니라고 합니다. 오직 식민지인 인도 지방에서… 산에 산을 이어 재배하고 연못을 파 제조하여 여러 날 여러 해를 묵혀 그 독성을 증가시키니, 코를 찌르는 냄새가 하늘까지 닿아 신께서 몹시 진노하신 것입니다.

且聞貴國王所都之蘭頓, 及嘶葛蘭·愛倫等處, 本皆不産鴉片. 惟所轄印度地方,... 連山栽種, 開池製造, 累月經年, 以厚其毒, 臭穢上達, 天怒神恫.

사상가,
청말 민국초,
1853~1921

옌푸 - 최초의 서양 사상서 번역 -

옌푸嚴復는 바로 뒤에 소개할 량치차오梁啓超, 알렉상드르 뒤마가 쓴『춘희椿姬』(중국어 번역서 제목은『파리의 동백꽃 아가씨巴黎茶花女遺事』)의 번역자로 알려진 린수林紓(1852~1924)와 함께 청나라 말기, 중화민국 초기에 활동했던 중국 번역계의 세 거목 중 한 사람이다.

후관현候官縣(푸젠성)의 의사 아들로 태어난 옌푸는 과거 시험을 목표로 어릴 적부터 스승에게서 전통적인 유교 교육을 받았다. 하지만 14세 때 아버지가 돌아가시면서 집안이 몰락하는 바람에, 장학금 지급과 수업료 면제의 특전이 주어지는 복주福州의 조선소造船所 부설 해군학교에 입학했다. 그곳에서 옌푸는 5년 동안 영어를 이수하며 군함 조종법을 배웠다. 졸업 후 수년간 군함을 타고 항해 실습에 참가한 뒤, 그는 광서光緖 3년(1877) 25세 때 영국으로 유학을 떠났다. 2년간의 유학 기간에 전문적인 해군 군사 기술을 습득하는 한편, 적극적으로 서양의 정치제도와 사상을 공부했다. 이렇게 젊은 시절 직접 서양의 분위기를 접하며 다른 문화를 체험한 일은 옌푸에게 큰 전환점이 되었다.

귀국 후 십수 년간 옌푸는 모교의 교관을 시작으로 천진天津에 창설된 해군학교의 북양수사학당北洋水師學堂 교장에 취임하는 등 오로지 해군 군사 기술과 관련된 교직만 역임할 뿐 이렇다 할 저술을 내놓지는 않았다. 옌푸가 마치 봇물 터지듯 논문을 발표하고 번역에 몰두하게 된 것은, 광서 21년(1895) 청나라가 청일전쟁에 패하여 지식인들 사이에서 변법變法(정치 개혁)을 요구하는 기운이 고조되면서부터이다. 옌푸는 그러한 분위기에 자극받아 서양 사상을 소개하는 데 열정을 기울이게 되었다. 다만 캉유웨이康有爲(1858~1927)나 량치차오처럼 실제로 변법 운동에 관여하지는 않았다. 그의 이름을 불후의 반열에 올려놓은 『천연론天演論』 번역에 착수한 것도 이 시기이다.

『천연론』은 다윈의 진화론에 기초해 쓴 헉슬리(1825~1895, 영국의 자연과학자)의 『진화와 윤리』 일부를 옮겨 해설한 책이다. 영어를 능수능란하게 구사했던 옌푸는 이것을 모두 자력으로 번역했다. 『천연론』은 바로 중국인 스스로 서양 사상서를 번역한 최초의 예이다. 1898년 '적자생존'

과 '자연도태(경쟁 원리)'를 설파한 『천연론』이 간행되자마자 진화론은 폭발적인 반응을 일으켰다. 한편 그해에는 '무술변법戊戌變法' 운동이 좌절되어 주동자 대부분이 처형되거나 망명하는 불운을 겪었지만, 실제 행동에 참가하지 않았던 옌푸는 그 난을 모면할 수 있었다.

이후에도 옌푸는 애덤 스미스의 『원부原富』 즉 『국부론』과 존 스튜어트 밀의 『군기권계론群己權界論』 즉 『자유론』 등 다수의 명저들을 번역해 간행했다. 다만 그는 서양 사상을 소개하는 선구자로서는 큰 역할을 수행했지만, 번역문의 문체는 '전아典雅(법도에 맞고 고상함)'해야 한다는 신념 아래 고문古文체를 고집했기 때문에 상당히 난해한 면이 있었다. 그래서인지는 알 수 없으나, 량치차오가 위태위태한 정치적 모험을 계속하면서도 현실감을 잃지 않은 채 평이하고 명쾌한 문체로 많은 문장을 써내려간 것과 대조적으로, 옌푸는 만년에 완전히 반동 보수세력이 되어 시대의 흐름에서 뒤처지고 말았다. 문체의 고루함은 의식의 고루함과 관련되어 있는 것일까?

◆옌푸의 글 「천연론 번역 범례天演論譯例言」 일부 _____

번역하는 데는 세 가지 어려움이 있으니, 신信(원문에 충실

할 것), 달達(번역문이 명쾌할 것), 아雅(표현이 우아할 것)가 그것

이다.

譯事有三難, 信·達·雅.

량치차오 - 천부적인 저널리스트 -

문장가·언론인,
청말 민국초,
1873~1929

량치차오梁啓超(호는 음빙실주인飮氷室主
人 등)는 청나라 말기에서 중화민국 초
기에 걸쳐 활약한 대언론인이다. 신
회현新會縣(광동성)의 유서 깊은 가문에
서 태어난 그는 어려서 신동으로 명성이 자자했으며, 광서
光緒 15년(1889) 17세의 어린 나이로 향시鄕試에 합격했다.
1890년, 급격한 개혁론자이던 캉유웨이康有爲를 사사하여
새로운 학문 방법과 서구에 관한 지식을 배우면서 량치차
오는 큰 변화를 겪는다.

1895년 청일전쟁의 패배로 지식인들 사이에서 위기
감이 고조되자, 캉유웨이는 북경에 있던 거인擧人(향시에
합격하여 최종 시험인 회시의 수험 자격을 갖춘 사람) 1,200명에
게 호소하여 연명으로 광서제光緒帝(청나라 11대 황제, 재위
1874~1908)에게 변법의 필요성을 탄원하는 상서를 올리려
고 했다. 량치차오 역시 그 연판장에 서명하고, 캉유웨이
를 보좌하며 분주히 움직였다. 이듬해인 1896년 상해로
가서 《시무보時務報》(열흘에 한 번씩 간행)를 발행할 때, 그는

편집을 담당하는 한편 변법의 필요성을 역설하는 문장을 차례로 발표했다. 언론인으로서 그가 가진 재능이 빛을 발휘해 《시무보》의 발행 부수는 순식간에 1만 부를 돌파했다고 한다.

1898년 캉유웨이 등 개혁파 지식인들은 광서제 밑으로 결집하여 정치·경제·사회 기구의 근본적인 개혁을 도모했다. 이른바 '무술변법戊戌變法' 운동이다. 량치차오도 여기에 동참하여 전력을 다했지만, 무술변법은 서태후西太后가 이끄는 보수파의 반격으로 거우 3개월여 만에 와해되고 말았다. 이때 그의 친구 담사동譚嗣同은 처형되고 량치차오 자신은 가까스로 목숨을 건져 일본으로 망명했다. 당시 그의 목에는 10만 냥에 달하는 현상금이 걸렸다고 한다.

일본으로 망명한 후 량치차오는 《청의보淸議報》를 발행하여 개혁 운동 선전에 힘쓰는 한편, 빠르게 일본어를 익혀 일본어로 번역된 서양 소설 몇 편을 다시 중국어로 옮기기도 했다. 그 후 하와이와 호주로 건너가 화교華僑의 조직화를 시도한 뒤 1902년 다시 일본으로 돌아왔다. 이후 《신민총보新民叢報》, 《신소설新小說》, 《정론政論》, 《국풍보國風報》 등을 속속 창간하여 입헌 군주주의, 나아가 개명전제開明專制(개명한 군주에 의한 전제)를 주창하며 쑨원孫文 등의 혁명파와 격렬한 논쟁을 전개했다.

신해혁명辛亥革命으로 청나라가 멸망한 이듬해인 1912년, 13년간에 걸친 망명 생활을 끝내고 귀국한 량치차오는 위안스카이袁世凱와 돤치루이段祺瑞 체제 밑에서 요직을 역임한다. 1919년에는 유럽 각국을 순방했으며, 그다음 해에는 정계에서 은퇴하고『청대학술개론淸代學術槪論』을 비롯해 독자적인 시각으로 저술한 대작들을 차례로 발표한다. 이렇게 자신의 생애를 총결산한 뒤인 1929년, 량치차오는 불굴의 기상으로 시대의 거친 파도를 헤쳐온 파란만장한 생애를 마감했다. 향년 57세였다.

청나라 말기에서 중화민국 초기로 이어지는 전환기를 살았던 량치차오는 예민한 현실 감각의 소유자였으며, 다양한 분야에 관심을 기울인 천부적인 언론인이었다. 그의 아들 중에는 건축학, 고고학, 항공학 등 새로운 분야에서 전문가가 된 사람들이 있다. 그들의 진로 선택은 아버지 량치차오의 시사에 힘입은 바가 컸는데, 이런 부분에서도 시대의 변화를 꿰뚫어본 그의 날카로운 감각을 엿볼 수 있을 것이다.

◆량치차오의 시 「뜻한 바를 이루지 못해도志未酬」 일부

비록 이룬 것 적더라도

감히 스스로 비하하지 말지니,

적은 것이 없다면

많은 것이 어디서 나오리!

雖成少許, 不敢自輕. 不有少許兮, 多許奚自生.

추근 - 용맹하고 과감한 페미니스트 -

혁명가, 청 말기,
1875~1907

청나라 말기의 혁명가 추근秋瑾(자는
선경璿卿, 호는 감호여협鑑湖女俠 등)은 저장성
소흥시紹興市 출신이다. 할아버지와
아버지가 거인擧人 자격으로 여러 지
방의 장관을 지냈기 때문에, 소녀 시절 추근은 하문廈門(아
모이Amoy, 샤먼), 대만, 호남 등 각지를 옮겨 다니며 살았다.
1896년 22세 때 부모의 뜻에 따라 후난성湖南省의 부잣집
아들 왕정균王廷鈞과 결혼했고, 3년 뒤인 1899년에는 남편
이 돈으로 관직을 산 덕분에 북경으로 이주했다. 북경에
서의 생활은 귀하게 자란 양갓집 규수였던 추근을 크게 변
화시켰다.

그녀가 북경으로 이사 오기 전해인 1898년에는 앞서 얘
기했듯이 캉유웨이 등 개혁파의 '무술변법戊戌變法' 운동
이 진압당하고, 이사 온 다음 해인 1900년에는 외세 배척
을 목표로 내건 '의화단義和團 운동'이 일어나는 등 소란스
러운 상황이 계속되고 있었다. 그 와중에 추근은 강한 정
치의식을 가진 오지영吳芝瑛이란 여성과 만나면서 정치 문

제에 눈을 뜨게 된다. 한편 남편 왕정균은 돈만 많을 뿐 아무짝에도 쓸모없는 허랑방탕한 위인이어서, 정나미가 떨어진 그녀는 이별을 결심하기에 이른다. 그리하여 1904년 추근은 여덟 살 난 장남을 남겨두고 두 살 난 장녀만을 데리고 일본 유학길에 오른다(얼마 안 돼 장녀는 보모와 함께 귀국한다).

추근은 일본어를 배운 뒤 동경의 청산실천여학교에 다니면서 정치 집회에도 참가해 도성장陶成章, 서석린徐錫麟 같은 많은 혁명가들을 만났다. 또한 저장성 출신이 주축을 이룬 혁명 비밀 결사인 '광복회光復會'와 쑨원이 이끄는 '동맹회同盟會'의 일원이 되었다. 천부적 선동가인 추근이 일본도를 손에 잡고 단상에 올라 이민족 왕조인 청나라를 통렬하게 비난하는 모습은 소름이 돋을 만큼 매서웠다고 한다.

1906년 귀국한 추근은 오흥현吳興縣(저장성)의 여학교 교사가 되었지만, 혁명사상을 선전한다는 비난을 받고 2개월 만에 사직했다. 그 뒤 상해로 옮겨 여성 잡지《중국여보中國女報》를 창간한다. 추근은 혁명가였을 뿐만 아니라, 소녀 시절부터 말타기와 무술을 익히고 북경에 이사한 후로는 즐겨 남장을 하는 등 여성의 한계에 과감하게 도전한 확고한 신념의 페미니스트이기도 했다. 다음 해인 1907년 고향 소흥으로 돌아온 그녀는, '광복회'의 중심인물인 서석린 등이 창설한 대통大通 체육학당의 교장이 되었으며, 이곳을 거점으로 서석린과 긴밀하게 연대하여 군사 봉기를 준비했다. 그해 7월 6일 안후이성 안경安慶에서 서석린 등이 봉기하여 순무巡撫(총독)를 찔러 죽이기는 했지만, 봉기 자체는 실패하고 서석린 등은 청나라 군대에 포위되어 전사하고 말았다.

그 결과 추근의 봉기계획도 발각되었고, 일주일 뒤인 7월 13일 체포되어 다음 날 여명 속에 처형되었다. 이때 추근은 "가을바람 가을비, 사람을 시름겹게 하는구나!秋風秋雨, 使人愁殺!"라는, 너무나 유명한 구절을 남기고 담담하게 형을 받았다. 그녀의 나이 33세였다. 동향 사람인 루쉰魯迅의 단편소설 「약藥」은 바로 추근의 처형과 관련된 사건을 그린 작품이다. 추근은 외세에 의해 반식민지가 되어 버린 청나라 말기의 상황에 분노하여, 스스로 부정否定의 화신이 되어 격렬하게 저항하며 짧은 생애를 완전히 불살랐다. 결코 타협을 몰랐던 그 생애의 궤적은, 앞서 수개한

네 여성 곧 사도온謝道蘊, 어현기魚玄機, 이청조李淸照, 유여시柳如是와 깊은 근저에서 상통한다고 할 것이다.

◆추근의 시 「보도가寶刀歌」 일부 _____

백인 놈들 서쪽에서 와 경종을 울리니

중국인들 화들짝 노예의 꿈을 깼다.

주인께서 나에게 황금 칼을 주시니

이를 얻은 내 마음 영웅의 기개가 넘친다.

白鬼西來做警鐘, 漢人驚破奴才夢.

主人贈我金錯刀, 我今得此心雄豪.

루쉰 - 전환기의 한복판에서 -

문장가,
중화민국 초기,
1881~1936

　　루쉰魯迅(본명은 주수인周樹人)은 저장성 소흥시 출신이다. 어려서 집안이 몰락하는 바람에 루쉰은 사람들의 인심이 표리부동함을 뼈저리게 느끼게 되었다.

　　그는 18세에 남경의 이과 계통 학교에 입학해 보낸 4년 동안 옌푸嚴復가 번역한 『천연론』 등을 읽고 진화론을 비롯한 새로운 사상을 접했다. 1902년에는 동경으로 유학해 일본어를 배우면서 쥘 베른의 공상과학소설 『달 세계 여행』과 『땅속 여행』을 번역하기도 했다.

　　1904년에는 센다이仙臺의학전문학교에 입학했다가, 문학으로 진로를 바꾸기로 결심을 굳히고 2년 뒤 자퇴하여 잠시 귀국했다. 그 후 다시 동경으로 돌아가 혁명파의 좌장 장빙린章炳麟을 만나면서 깊은 영향을 받게 되었다.

　　루쉰이 1909년 귀국하여 교사 생활을 하던 중인 1911년, 신해혁명辛亥革命이 일어난다. 다음 해인 1912년에 그는 새 정부의 초빙을 받아 막 성립한 중화민국 교육부의 간부가 되었지만, 위안스카이袁世凱 등 군벌이 주도권을 다투는 혼란한 정국에 실망하고 고전 연구에 몰두하며 나날을 보냈다. 그러던 중 1918년 문학혁명 운동과 때를 맞춰 백화白話 소설 「광인일기狂人日記」를 발표했다. 이후 1921년까지 「고향」, 「아큐정전阿Q正傳」 등 마치 봇물 터지듯 초기 걸작들을 쏟아냈다.

1920년 가을부터 1926년 여름까지, 루쉰은 북경대학과 북경여자사범대학(이하 북경여사대로 약칭)의 강사로 중국 소설사를 강의하는 한편, 「축복」을 위시한 단편소설과 산문시 등을 발표했다. 그사이 1925년에는 북경여사대에 학원 투쟁의 바람이 몰아쳤다. 이에 가담한 학생들을 처벌하는 데 반대했던 루쉰은 처벌을 주장하는 자들과 일대 논쟁을 벌였고, 이를 계기로 그는 잡문雜文(논쟁문) 집필에 힘을 쏟게 되었다.

게다가 1926년에는 '3·18 사건'이 발발해 북경여사대의 제자 류허전劉和珍을 포함한 47명이 돤치루이段祺瑞 정부군의 총에 맞아 죽는 대참사로 비화되었다. 이 사건에 충격을 받은 루쉰은 북경을 떠나 하문廈門대학에 교수로 부임했다가 채 반년도 못 되어 사직하고, 북경여사대의 제자 쉬광핑許廣平이 있는 광둥으로 향한다.

원래 루쉰에게는 어머니가 정해준 형식적인 아내가 있었지만, 쉬광핑과 만나면서 비로소 자신을 가장 잘 이해해주는 사람을 얻을 수 있었다. 루쉰과 쉬광핑 사이에 오간 서간집 『양지서兩地書』는 연애문학의 걸작이라 불러도 좋은 작품이다.

1927년부터 1936년 56세로 병사하기까지, 루쉰은 쉬광핑과 함께 상해에서 살았다. 상해에서 루쉰은 두 번 다시 교직에는 나가지 않고 자유로운 문학가, 사상가, 논쟁가로서 독설적인 문체를 구사한 잡문을 쉴 새 없이 발표하며 여러 방면에 포진해 있는 논적들을 향해 가차 없는 공격을 퍼부었다.

루쉰은 일생 동안 소설집 3권, 잡문집 17권, 산문시집 1권, 회상록 1권을 간행한 외에, 『중국소설사략中國小說史略』을 비롯한 연구서와 논문, 그리고 방대한 번역서들을 남겼다. 그중 압도적인 양을 차지하는 것은 두말할 것도 없이 잡문집이다. 이 엄청난 양의 잡문 속에는 고전학자나 소설가로 대성하는 길을 버리고 논쟁의 장에 몸을 던져 전환기를 살아간 루쉰의 흔적이 선명하게 각인되어 있다.

◆루쉰의 글 「언어諺語」 일부 _____

　주인일 때 타인을 전부 종 취급하는 사람은, 주인을 모시게 되면 반드시 스스로도 종으로 처신한다. 이는 만고 불변의 진리로서 움직일 수 없는 것이다. 이런 까닭에 압제를 당할 때 '각자 자기 집 앞의 눈이나 쓸 일이지 남의 집 지붕의 서리는 간섭하지 말라'는 격언을 신봉하던 인물이, 일단 득세하여 남보다 높은 자리에 오르게 되면 그 행동이 완전히 싹 달라져서, '자기 문 앞의 눈은 쓸 것 없고 남의 집 지붕의 서리는 간섭하라'는 식으로 변해버리는 것이다.

　　做主子時以一切別人爲奴才, 則有了主子, 一定以奴才自命.

　　這是天經地義, 無可動搖的.

　　所以被壓制時, 信奉着"各人自掃門前雪, 莫管他家瓦上霜"

　　的格言的人物, 一旦得勢, 足以凌人的時候, 他的行爲就截然不同, 變

爲"各人不掃門前雪, 却管他家瓦上霜"了.

후기

　이 책은 춘추시대부터 근대까지 약 2,500년에 이르는 중국사 안에서 출현했던, 남다른 재능을 지닌 56인을 시대 순으로 다루면서 그 곡절 많은 생애를 더듬은 것이다.

　기인奇人과 이재異才의 내용을 이루는 56인에는 예술가가 있고 사상가가 있으며 정치가가 있는 등 다양한 인물이 망라돼 있다. 이 책에서는 그러한 다채로운 인물 군상을 중국사의 흐름에 맞추어 제1장 「고대 제국의 성쇠」, 제2장 「통일 왕조의 흥망」, 제3장 「근대로의 도약」이라는 세 장으로 구분해 기술하였다. 이러한 형태로 개개 인물의 삶의 궤적을 더듬어가면서 긴 맥락에서 중국사의 흐름을 구체적으로 부각해보고자 했다.

　56인의 약전略傳을 그리기 위해, 그들의 전기를 기록한 정사는 말할 나위도 없고, 다양한 역사 문헌과 자료를 대조하기도 하고, 그들 자신이 저술한 시문이나 수필을 읽고, 그 글씨나 그림을 차분히 살폈다. 그런 뒤에 그들 삶의 정수를 어떻게든 간결하게 떠올리도록 만들고 싶어 한 사람 한 사람과 마주 보면서 써나가기 시작했다. 이렇게 해서 세상에서 보기 드문 56인의 기인과 이재의 생애가 드러나기 시작했는데, 거기엔 각기 압도적인 박력으로 가득 차 있다. 이 책이 각각의 약전 뒤에 첨부한 그들 자신의 작품(시문, 수필, 서, 화) 등의 인용과 어우러져 그들의 생생한 매력을 조금이나마 전할 수 있다면 이보다 더한 기쁨은 없을 것이다.

이 책은 본래 「주니치신문中日新聞」, 「도쿄신문東京新聞」(어느 것이나 석간) 등에 『중국이재열전中國異才列傳』이라는 타이틀로 2004년 10월 12일부터 12월 28일까지, 월요일에서 금요일까지 매일 총 53회에 걸쳐 연재한 것이다. 이번에 한 권의 책으로 정리하면서 3편(반초, 조맹부, 도종의)을 더 써서 보완하고 게재의 순서를 바꿨으며, 각 편의 말미에 그 글에서 소개하는 인물의 작품을 인용하는 등 대폭적인 가필과 수정을 가하였다.

이 책이 완성되기까지 많은 분의 도움을 받았다. 연재

중에는 주니치신문 문화부의 하야시 히로코林寬子 님과 이즈카 유키오飯塚幸男 님에게 세심한 배려를 받는 등 참으로 신세를 지게 되었다. 여기에 마음으로부터 감사의 답례를 올리고자 한다.

출판에 즈음해서는 이와나미신서 편집부의 후루카와 요시코古川義子 님에게 커다란 신세를 졌다. 후루카와 선생은 사랑을 품고 이 책에 등장하는 인물 군상을 근사하게 편집·구성하며 즐거운 책으로 완성해주었다. 또한『삼국지연의三國志演義』이래 10여 년의 지인이 되는 이와나미 서점의 이노우에 가즈오井上一夫 님은 이번에도 예리한 지적과 힌트를 주셨다. 후루카와 선생, 이노우에 선생, 참으로 감사합니다.

2005년 1월

이나미 리쓰코

역자 후기

'상전벽해' 또는 '천지개벽'이라고도 표현할 수 있을 만큼 급변하는 한반도의 최근 상황을 보면, 시대가 사람을 만들지만 그에 못지않게 사람이 시대를 만든다는 생각을 저절로 하게 된다. 최후까지 남아 있는 냉전의 유산이 마침내 해체되고 있는 이 사태는 우리들로 하여금 역사와 인간의 관계에 대해 성찰하도록 만드는 기회가 아닐 수 없다.

농담처럼 말하듯이 역사, 즉 history는 단순한 사건의 기술이 아니라 인간의 이야기로서 his story(혹은 her story)이기도 하다. 역사(서술)의 이러한 성격은 중국 문명의 경우 더욱 현저하게 나타난다. '이십사사' 혹은 '이십오사'로 불리는 유구한 전통과 방대한 분량의 정사正史가 본기와 열전이 중심이 되는 기전체紀傳體로 구성되어 있는 점에서 이를 확인할 수 있을 것이다.

문명의 질서를 유지하며 통치를 보좌하는 목적을 지닌 중국의 역사서들은 대체로 정치사에 치중되었지만 다른 한편으로 각양각색의 인물 군상을 전해주고 있다. 따라서 유구한 중국의 역사 속에서 활약했던 다채로운 인물들의 생애를 통해 역사의 맥락을 파악한다면 매우 흥미로운 일이 될 것이다. 이 책은 바로 그러한 시도이다. 사상가, 정치가, 예술가 등 다방면에 걸친 인물을 소개하며 아울러 여성에 대한 배려가 배어 있는 점이 무엇보다 주목할 만하다.

공자에서 루쉰에 이르는 56명의 인물들은 춘추시대부터 20세기 초반에 이르는 장구한 중국사의 맥락을 제대로 다루기에는 어느 면에서 매우 부족하게 보인다. 그러나 저자 이나미 리쓰코는 분량의 제한 속에서도 각자의 개성에 넘치는 생애를 간결하면서 생동감 있게 다루며 관련된 작품까지 인용한다. 아울러 그들의 생애를 통해 해당 시대의 맥락과 특색을 도드라지게 드러내고 있다. 이 책이 중국사와 중국 문명을 이해하는 데 보탬이 되고 나아가 역사와 인간의 관계에 대한 관심을 불러일으킬 수 있다면, 역자들에게 더할 나위 없는 기쁨이 될 것이다.

남북 정상회담과 북·미 정상회담을 보면서
옮긴이 이동철, 박은희

참고 문헌

공자　　『논어論語』 이와나미문고岩波文庫, 1963년

　　　　『논어』(중국고전선 2·3) 아사히신문사朝日新聞社, 1965·66년

　　　　『논어』 치쿠마문고築摩文庫, 1985년

장자　　『장자莊子』 전 4책, 이와나미문고, 1971~83년

　　　　『장자』(중국고전선 7~9) 아사히신문사, 1966·67년

상앙　　『사기史記』제5책, 치쿠마학예문고, 1995년

　　　　『사기열전史記列傳』제1책, 이와나미문고, 1975년

시황제　『사기史記』제1책, 치쿠마학예문고, 1995년

　　　　요시카와 다다오吉川忠夫『진의 시황제 - 분서갱유를 괜찮다고 하
　　　　다』(중국의 영걸英傑 1』 슈에이샤集英社, 1986년

한고조　『사기史記』제1책, 치쿠마학예문고, 1995년

　　　　『한서漢書』제1책, 치쿠마학예문고, 1997년

사마상여『사기史記』제7책, 치쿠마학예문고, 1995년

　　　　『사기열전史記列傳』제4책, 이와나미문고, 1975년

　　　　『한서漢書』제5책, 치쿠마학예문고, 1998년

사마천　『사기史記』제8책, 치쿠마학예문고, 1995년

　　　　『사기열전史記列傳』제5책, 이와나미문고, 1975년

　　　　『한서漢書』제5책, 치쿠마학예문고, 1998년

　　　　다케다 다이준武田泰淳『사마천-사기史記의 세계』고단샤講談社문
　　　　예문고, 1997년

　　　　(『사마천과 함께하는 역사여행 – 사기의 세계』, 하나미디어, 1993)

　　　　가와카쓰 요시오川勝義雄『중국인의 역사의식』헤이본샤平凡社 라
　　　　이브러리, 1993년

반초　　『후한서後漢書』제6책, 이와나미서점, 2003년

조조　　『삼국지三國志』제1책, 치쿠마학예문고, 1992년

요시카와 고지로吉川幸次郎『삼국지실록三國志實錄』 치쿠마학예문
고, 1997년

이나미 리쓰코『『삼국지』를 읽는다』 이와나미 세미나북 91, 2004년

화타 『삼국지三國志』 제4책, 치쿠마학예문고, 1993년

야마다 게이지山田慶兒『중국 의학은 어떻게 만들어졌나』 이와나
미신서, 1999년

(『중국 의학은 어떻게 시작되었는가』, 사이언스북스, 2002)

제갈량 『삼국지三國志』 제5책, 치쿠마학예문고, 1993년

이나미 리쓰코『『삼국지』를 읽는다』 이와나미 세미나북 91, 2004년

죽림칠현 『세설신어世說新語』(세계문학대계 71) 치쿠마쇼보築摩書房, 1964년

『세설신어』(중국고전문학대계 9) 헤이본샤, 1969년

(『세상의 참신한 이야기 세설신어 1~3』, 신서원, 2008)

요시카와 고지로吉川幸次郎『완적의 「영회시」에 대하여』 이와나미
문고, 1981년

요시카와 다다오『위진청담집魏晋淸談集』 고단샤, 1986년

이나미 리쓰코『중국인의 기지 -『세설신어』를 중심으로』 주코신
서中公新書, 1983년

두예 가와카쓰 요시오『사학논집史學論集』(중국문명선 12) 아사히신문사,
1973년

왕도 『세설신어世說新語』(세계문학대계 71) 치쿠마쇼보, 1964년

『세설신어』(중국고전문학대계 9) 헤이본샤, 1969년

(『세상의 참신한 이야기 세설신어 1~3』, 신서원, 2008)

가와카쓰 요시오『위진남북조魏晋南北朝』 고단샤학술문고, 2003년

(가와카쓰 요시오,『중국의 역사 : 위진남북조』, 혜안, 2004)

왕희지 『세설신어世說新語』(세계문학대계 71) 치쿠마쇼보, 1964년

『세설신어』(중국고전문학대계 9) 헤이본샤, 1969년

(『세상의 참신한 이야기 세설신어 1~3』, 신서원, 2008)

『중국서도전집中國書道全集』 3, 게이분샤, 1986년

나가오 우잔長尾雨山『중국서화화中國書畵話』 치쿠마총서 27, 1965년

요시카와 다다오『왕희지·육조귀족의 세계』 시미즈쇼인淸水書院,
1984년

사도온 『세설신어世說新語』(세계문학대계 71) 치쿠마쇼보, 1964년

『세설신어』(중국고전문학대계 9) 헤이본샤, 1969년

(『세상의 참신한 이야기 세설신어 1~3』, 신서원, 2008)

이나미 리쓰코「귀족의 딸 - 사도온」(『파괴의 여신』) 신쇼칸新書館,
1996년

(「육조 문화의 꽃 – 사도온」『중국사의 슈퍼 히로인들』, 작가정신, 2004)

고개지   『세설신어世説新語』(세계문학대계 71) 치쿠마쇼보, 1964년

『세설신어』(중국고전문학대계 9) 헤이본샤, 1969년

(『세상의 참신한 이야기 세설신어 1~3』, 신서원, 2008)

장언원張彦遠『역대명화기歷代名畫記』 제1책(도요문고東洋文庫) 헤이
본샤, 1977년

(『역대명화기 상 : 중국 옛 그림을 말하다』, 시공사, 2008)

나이토 고난内藤湖南『지나회화사支那繪畫史』(『나이토 고난전집』 13)
치쿠마쇼보, 1973년

도연명   『도연명』(중국시인선집中國詩人選集 4) 이와나미서점, 1958년

『도연명시해陶淵明詩解』(도요문고) 헤이본샤, 1991년

요시카와 고지로『도연명전陶淵明傳』 주코문고, 1989년

요시카와 다다오『유유劉裕- 강남의 영웅 송의 무제』 주코문고,
1989년

이나미 리쓰코『중국의 은자』 분슌신서文春新書, 2001년

(『중국의 은자들』, 한길사, 2002)

안지추   『안씨가훈顔氏家訓』 전 2책(도요문고) 헤이본샤, 1989·90년

(『안씨가훈』, 푸른역사, 2007)

가와카쓰 요시오『위진남북조魏晉南北朝』 고단샤학술문고, 2003년

(가와카쓰 요시오,『중국의 역사 : 위진남북조』, 혜안, 2004)

요시카와 다다오『후경의 난 시말기 - 남조 귀족사회의 명운』 주
코신서, 1974년

이나미 리쓰코『중국문장가열전中國文章家列傳』 이와나미신서,
2000년 (『고전이 된 삶』, 메멘토, 2013)

측천무후 도야마 군지外山軍治『측천무후 - 여성과 권력』 주코신서, 1966년

(『측천무후 : 제국을 창업한 세계사 유일의 여황제』, 페이퍼로드, 2006)

게가사와 야스노리氣賀澤保規『측천무후』(중국역사인물선 4) 하쿠테
이샤白帝社, 1995년

이나미 리쓰코「북조의 여인들 - 독고황후에서 측천무후까지」(『파
괴의 여신』) 신쇼칸, 1996년

(「수당 제국의 여인천하-독고황후와 측천무후」『중국사의 슈퍼 히로인들』, 작
가정신, 2004)

이백　　『이백』(중국시인선집 7·8) 이와나미서점, 1957·58년

　　　　『이백』(한시대계漢詩大系 8) 슈에이샤, 1965년

　　　　『이백』(세계고전문학전집 27) 치쿠마쇼보, 1972년

　　　　『이백시선李白詩選』이와나미문고, 1997년

　　　　이나미 리쓰코『중국의 은자』분슌신서, 2001년

　　　　(『중국의 은자들』, 한길사, 2002)

안진경　『중국서도전집中國書道全集』 4, 헤이본샤, 1987년

　　　　아오키 마사오青木正兒「안진경의 서학書學」(『아오키 마사오전집』 7)
순슈샤春秋社, 1970년

　　　　도야마 군지,『안진경 - 강직의 생애』소겐사創元社, 1964년

백거이　『백거이』(중국시인선집 12·13) 이와나미서점, 1958년

　　　　『백낙천시집白樂天詩集』헤이본샤 라이브러리, 1998년

어현기　『어현기·설도』(한시대계 15) 슈에이샤, 1964년

　　　　모리 오가이森鷗外「어현기」(『모리 오가이전집』 5) 치쿠마문고, 1995년

　　　　이나미 리쓰코「비극의 여시인」(『파괴의 여신』) 신쇼칸, 1996년

　　　　(「비극의 여류 시인들-설도·어현기·이청조」『중국사의 슈퍼 히로인들』, 작가정
신, 2004)

풍도　　도나미 마모루礪波護『풍도 - 난세의 재상』주코문고, 1988년

　　　　(『풍도의 길 : 나라가 임금보다 소중하니』, 소나무, 2003)

이욱　　『이욱』(중국시인선집 16) 이와나미서점, 1959년

임포　　『화정선생시집和靖先生詩集』(『화각본 한시집성和刻本漢詩集成』 11) 규코
쇼인汲古書院, 1975년

　　　　요시카와 고지로『송시개설宋詩概說』(중국시인선집 2집 1) 이와나미
서점, 1962년

　　　　(『송시개설』, 동문선, 2007)

　　　　이나미 리쓰코『중국의 은자』분슌신서, 2001년

　　　　(『중국의 은자들』, 한길사, 2002)

왕안석　『왕안석』(중국시인선집 2집 4) 이와나미서점, 1962년

미야자키 이치사다宮崎市定『중국정치논집』(『미야자키 이치사다전집』 별권) 이와나미서점, 1993년

사에키 도미佐伯富『왕안석』주코문고, 1990년

심괄 『몽계필담夢溪筆談』전 3책(도요문고) 헤이본샤, 1978~1981년

휘종 나이토 고난『지나근세사支那近世史』(『나이토 고난전집』 10) 치쿠마쇼보, 1969년

『휘종과 그 시대』(아시아 유학游學 64) 벤세이출판勉誠出版, 2004년

이청조 『송대사집宋代詞集』(중국고전문학대계 20) 헤이본샤, 1970년

『역대 명사선歷代名詞選』(한시대계 24) 슈에이샤, 1965년

이나미 리쓰코「비극의 여시인」(『파괴의 여신』) 신쇼칸, 1996년

(「비극의 여류 시인들-설도·이현기·이청조」『중국사의 슈퍼 히로인들』, 작가정신, 2004)

신기질 『송대사집』(중국고전문학대계 20) 헤이본샤, 1970년

『역대 명사선』(한시대계 24) 슈에이샤, 1965년

조맹부 요시카와 고지로『원명시개설元明時概說』(중국시인선집 2집 2) 이와나미서점, 1963년

고다 로한幸田露伴『유정기幽情記』「니인泥人」(『로한수필』 3) 이와나미서점, 1983년

도종의 『철경록輟耕錄』(『화각본 한적수필집和刻本漢籍隨筆集 2』) 규코쇼인, 1972년

정화 테라다 다카노부寺田隆信『영락제永樂帝』주코문고, 1997년

미야자키 마사카쓰宮崎正勝『정화의 남해 대원정 - 영락제의 세계 질서 재편』주코신서, 1997년

(『정화의 남해 대원정 : 콜럼버스보다 1세기 앞서 바다를 지배한 명나라 환관』, 일빛, 1999년)

L. E. 리버시스『중국이 바다를 지배했을 때 - 정화와 그 시대』신쇼칸, 1996년

심주 아오키 마사오「명대 소주의 문원蘇州의 文苑」(『아오키 마사오전집』 7) 슌슈사, 1970년

요시카와 고지로『원명시개설』(중국시인선집 2집 2) 이와나미서점, 1963년

나이토 고난『지나회화사』(『나이토 고난전집』 13) 치쿠마쇼보, 1973년

왕양명 『전습록傳習錄』이와나미문고, 1936년

　　　　(『실천적 삶을 위한 지침 전습록 1, 2』, 청계, 2007)

　　　　시마다 겐지島田虔次『주자학과 양명학』이와나미신서, 1967년

　　　　(『주자학과 양명학』, 까치, 1993)

　　　　시마다 겐지『왕양명집王陽明集』(중국문명선 6) 아사히신문사, 1975년

서광계 히라카와 스케히로平川祐弘 『마테오 리치전』전 3책(도요문고) 헤
　　　　이본샤, 1969~1997년

　　　　(히라카와 스케히로,『마테오 리치 : 동서문명 교류의 인문학 서사시』, 동아시
　　　　아, 2002)

이탁오 시마다 겐지『중국에 있어서 근대 사유의 좌절』전 2책(도요문고)
　　　　헤이본샤, 2003년

풍몽룡 『소부笑府』전 2책, 이와나미문고, 1983년

　　　　이나미 리쓰코『중국의 그로테스크 리얼리즘』주코문고, 1999년

　　　　이나미 리쓰코「명말 통속문학의 기수 - 풍몽룡에 대하여」(『중국적
　　　　대쾌락주의』) 사쿠힌샤作品社, 1998년

　　　　오키 야스시大木康『풍몽룡『산가山歌』의 연구 - 중국 명대의 통속
　　　　가요』勁草書房, 2003년

　　　　포옹노인抱甕老人 편『금고기관今古奇觀』전 5책(도요문고) 헤이본
　　　　샤, 1965~1975년

여회 『판교잡기·소주화방록板橋雜記·蘇州畫舫錄』(도요문고) 헤이본샤,
　　　　1964년

장대 『도암몽억』이와나미문고, 1981년

　　　　이나미 리쓰코「중국의 아웃사이더 - 장대에 대하여」(『중국의 아웃
　　　　사이더』) 치쿠마쇼보, 1993년

유경정 이나미 리쓰코「정국을 움직인 강석사講釋師 -유경정의 생애」(『중
　　　　국문학의 유쾌한 세계』) 이와나미서점, 2002년

유여시 이나미 리쓰코「유여시 - 명말의 파토스」(『파괴의 여신』) 신쇼칸,
　　　　1996년

　　　　(「명나라 말기의 파토스 - 기생 유여시」『중국사의 슈퍼 히로인들』, 작가정신,
　　　　2004)

팔대산인『팔대산인』(『문인화수편文人畫粹編』 6) 주오코론샤中央公論社, 1977년

　　　　고바야시 후지오小林富司夫『팔대산인 - 생애와 예술』모쿠지샤木

耳社, 1982년

이나미 리쓰코『중국의 은자』분슌신서, 2001년

(『중국의 은자들』, 한길사, 2002)

모진 이노우에 스스무井上進『중국출판문화사 - 책의 세계와 지知의 풍
경』나고야대학출판회, 2002년

(『중국 출판문화사』, 민음사, 2013)

납란성덕 『중국비곡음수사中國悲曲飮水詞』니시다서점西田書店, 1985년

『중국명사선中國名詞選』(신석 한문대계 84) 메이지쇼인明治書院, 1975년

공상임 『도화선桃花扇』(중국고전문학대계 53『희곡집戲曲集』하) 헤이본샤, 1971년

(『도화선』, 을유문화사, 2008)

(『도화선 상하』, 소명출판, 2009)

아오키 마사오「양주揚州에 있었던 날의 공상임」(『아오키 마사오전
집』2) 슌슈사, 1970년

만사동 나이토 고난『지나사학사支那史學史』(『나이토 고난전집』11) 치쿠마쇼
보, 1969년

양주팔괴 아오키 마사오『김동심金冬心의 예술』(『아오키 마사오전집』6) 슌슈
사, 1969년

이나미 리쓰코『중국문장가열전』이와나미신서, 2000년

(『고전이 된 삶』, 메멘토, 2013)

조익 나이토 고난『지나사학사』(『나이토 고난전집』11) 치쿠마쇼보, 1969년

임칙서 야노 진이치矢野仁一『아편전쟁과 홍콩 - 지나외교와 영국 그 1』
주코문고, 1990년

호리카와 데쓰오堀川哲男『임칙서 - 청말의 관료와 아편전쟁』주
코문고, 1997년

이노우에 히로마사井上裕正『임칙서』(『중국 역사인물선 12』) 하쿠테이
샤, 1994년

『청말민국초 정치평론집』(중국고전문학대계 58) 헤이본샤, 1971년

엔푸 B. I. 슈와르츠『중국의 근대화와 지식인 - 엔푸와 서양』도쿄대
학출판회, 1978년

(벤저민 슈워츠,『부와 권력을 찾아서』, 한길사, 2006)

『청말민국초 정치평론집』(중국고전문학대계 58) 헤이본샤, 1971년

량치차오 『량치차오 연보장편年譜長編』전 5권, 이와나미서점, 2004년

『청대학술개론 - 중국의 르네상스』(도요문고) 헤이본샤, 1974년

(『중국 근대의 지식인』, 헤안, 2005)

하자마 나오키狹間直樹 편『공동연구 량치차오 - 서양 근대사상과 메이지 일본』미스즈쇼보, 1999년

『청말민국초 정치평론집』(중국고전문학대계 58) 헤이본샤, 1971년

추근   다케다 다이준「추풍추우 사람을 수살하다」(『다케다 다이준전집 9』) 치쿠마쇼보, 1972년

루쉰   『루쉰전집』전 20권, 가쿠슈켄큐샤学習研究社, 1984~86년

『루쉰선집』전 13권, 이와나미서점, 1956년

『루쉰문집』전 6권, 치쿠마쇼보, 1976~78년

『루쉰평론집』이와나미문고, 1981년

다케우치 요시미竹內好『루쉰』고단샤문예문고 1994년

(다케우치 요시미,『루쉰』, 문학과지성사, 2003)

인명 색인

그룹의 총칭을 포함한다. 괄호 안은 별칭, 혹은 황제의 경우 재위 왕조의 이름.
* 인은 항목으로서 취급하였던 인물을 나타내며, 큰 글씨의 숫자로 그 항목의
쪽수를 보였다.

일본의 지성을 읽는다

001 이와나미 신서의 역사

가노 마사나오 지음 | 기미정 옮김 | 11,800원

일본 지성의 요람, 이와나미 신서!
1938년 창간되어 오늘날까지 일본 최고의 지식 교양서 시리즈로 사랑받고 있는
이와나미 신서. 이와나미 신서의 사상 · 학문적 성과의 발자취를 더듬어본다.

002 논문 잘 쓰는 법

시미즈 이쿠타로 지음 | 김수희 옮김 | 8,900원

이와나미서점의 시대의 명저!
저자의 오랜 집필 경험을 바탕으로 글의 시작과 전개, 마무리까지, 각 단계에
서 염두에 두어야 할 필수사항에 대해 효과적이고 실천적인 조언이 담겨 있다.

003 자유와 규율 -영국의 사립학교 생활-

이케다 기요시 지음 | 김수희 옮김 | 8,900원

자유와 규율의 진정한 의미를 고찰!
학생 시절을 퍼블릭 스쿨에서 보낸 저자가 자신의 체험을 바탕으로, 엄격한
규율 속에서 자유의 정신을 훌륭하게 배양하는 영국의 교육에 대해 말한다.

004 외국어 잘 하는 법

지노 에이이치 지음 | 김수희 옮김 | 8,900원

외국어 습득을 위한 확실한 길을 제시!!
사전 · 학습서를 고르는 법, 발음 · 어휘 · 회화를 익히는 법, 문법의 재미 등 학습
을 위한 요령을 저자의 체험과 외국어 달인들의 지혜를 바탕으로 이야기한다.

005 일본병 -장기 쇠퇴의 다이내믹스-

가네코 마사루, 고다마 다쓰히코 지음 | 김준 옮김 | 8,900원

일본의 사회 · 문화 · 정치적 쇠퇴, 일본병!
장기 불황, 실업자 증가, 연금제도 파탄, 저출산 · 고령화의 진행, 격차와 빈곤
의 가속화 등의 「일본병」에 대해 낱낱이 파헤친다.

006 강상중과 함께 읽는 나쓰메 소세키
강상중 지음 | 김수희 옮김 | 8,900원

나쓰메 소세키의 작품 세계를 통찰!
오랫동안 나쓰메 소세키 작품을 음미해온 강상중의 탁월한 해석을 통해 나쓰메 소세키의 대표작들 면면에 담긴 깊은 속뜻을 알기 쉽게 전해준다.

007 잉카의 세계를 알다
기무라 히데오, 다카노 준 지음 | 남지연 옮김 | 8,900원

위대한「잉카 제국」의 흔적을 좇다!
잉카 문명의 탄생과 찬란했던 전성기의 역사, 그리고 신비에 싸여 있는 유적 등 잉카의 매력을 풍부한 사진과 함께 소개한다.

008 수학 공부법
도야마 히라쿠 지음 | 박미정 옮김 | 8,900원

수학의 개념을 바로잡는 참신한 교육법!
수학의 토대라 할 수 있는 양·수·집합과 논리·공간 및 도형·변수와 함수에 대해 그 근본 원리를 깨우칠 수 있도록 새로운 관점에서 접근해본다.

009 우주론 입문 -탄생에서 미래로-
사토 가쓰히코 지음 | 김효진 옮김 | 8,900원

물리학과 천체 관측의 파란만장한 역사!
일본 우주론의 일인자가 치열한 우주 이론과 관측의 최전선을 전망하고 우주와 인류의 먼 미래를 고찰하며 인류의 기원과 미래상을 살펴본다.

010 우경화하는 일본 정치
나카노 고이치 지음 | 김수희 옮김 | 8,900원

일본 정치의 현주소를 읽는다!
일본 정치의 우경화가 어떻게 전개되어왔으며, 우경화를 통해 달성하려는 목적은 무엇인가. 일본 우경화의 전모를 낱낱이 밝힌다.

011 악이란 무엇인가
나카지마 요시미치 지음 | 박미정 옮김 | 8,900원

악에 대한 새로운 깨달음!
인간의 근본악을 추구하는 칸트 윤리학을 철저하게 파고든다. 선한 행위 속에 어떻게 악이 녹아들어 있는지 냉철한 철학적 고찰을 해본다.

012 포스트 자본주의 -과학·인간·사회의 미래-
히로이 요시노리 지음 | 박세미 옮김 | 8,900원

포스트 자본주의의 미래상을 고찰!
오늘날「성숙·정체화」라는 새로운 사회상이 부각되고 있다. 자본주의·사회주의·생태학이 교차하는 미래 사회상을 선명하게 그려본다.

013 인간 시황제
쓰루마 가즈유키 지음 | 김경호 옮김 | 8,900원

새롭게 밝혀지는 시황제의 50년 생애!
시황제의 출생과 꿈, 통일 과정, 제국의 종언에 이르기까지 그 일생을 생생하게 살펴본다. 기존의 폭군상이 아닌 한 인간으로서의 시황제를 조명해본다.

014 콤플렉스
가와이 하야오 지음 | 위정훈 옮김 | 8,900원

콤플렉스를 마주하는 방법!
「콤플렉스」는 오늘날 탐험의 가능성으로 가득 찬 미답의 영역, 우리들의 내계, 무의식의 또 다른 이름이다. 융의 심리학을 토대로 인간의 심층을 파헤친다.

015 배움이란 무엇인가
이마이 무쓰미 지음 | 김수희 옮김 | 8,900원

'좋은 배움'을 위한 새로운 지식관!
마음과 뇌 안에서의 지식의 존재 양식 및 습득 방식, 기억이나 사고의 방식에 대한 인지과학의 성과를 바탕으로 배움의 구조를 알아본다.

016 프랑스 혁명 -역사의 변혁을 이룬 극약-
지즈카 다다미 지음 | 남지연 옮김 | 8,900원

프랑스 혁명의 빛과 어둠!
프랑스 혁명은 왜 그토록 막대한 희생을 필요로 하였을까. 시대를 살아가던 사람들의 고뇌와 처절한 발자취를 더듬어가며 그 역사적 의미를 고찰한다.

017 철학을 사용하는 법
와시다 기요카즈 지음 | 김진희 옮김 | 8,900원

철학적 사유의 새로운 지평!
숨 막히는 상황의 연속인 오늘날, 우리는 철학을 인생에 어떻게 '사용'하면 좋을까? '지성의 폐활량'을 기르기 위한 실천적 방법을 제시한다.

018 르포 트럼프 왕국 -어째서 트럼프인가-
가나리 류이치 지음 | 김진희 옮김 | 8,900원

또 하나의 미국을 가다!
뉴욕 등 대도시에서는 알 수 없는 트럼프 인기의 원인을 파헤친다. 애팔래치아 산맥 너머, 트럼프를 지지하는 사람들의 목소리를 가감 없이 수록했다.

019 사이토 다카시의 교육력 -어떻게 가르칠 것인가-
사이토 다카시 지음 | 남지연 옮김 | 8,900원

창조적 교육의 원리와 요령!
배움의 장을 향상심 넘치는 분위기로 이끌기 위해 필요한 것은 가르치는 사람의 교육력이다. 그 교육력 단련을 위한 방법을 제시한다.

020 원전 프로파간다 -안전신화의 불편한 진실-

혼마 류 지음 | 박제이 옮김 | 8,900원

원전 확대를 위한 프로파간다!
언론과 광고대행사 등이 전개해온 원전 프로파간다의 구조와 역사를 파헤치
며 높은 경각심을 일깨운다. 원전에 대해서, 어디까지 진실인가.

021 허블 -우주의 심연을 관측하다-

이에 마사노리 지음 | 김효진 옮김 | 8,900원

허블의 파란만장한 일대기!
아인슈타인을 비롯한 동시대 과학자들과 이루어낸 허블의 영광과 좌절의 생
애를 조명한다! 허블의 연구 성과와 인간적인 면모를 살펴볼 수 있다.

022 한자 -기원과 그 배경-

시라카와 시즈카 지음 | 심경호 옮김 | 9,800원

한자의 기원과 발달 과정!
중국 고대인의 생활이나 문화, 신화 및 문자학적 성과를 바탕으로, 한자의 성
장과 그 의미를 생생하게 들여다본다.

023 지적 생산의 기술

우메사오 다다오 지음 | 김욱 옮김 | 8,900원

지적 생산을 위한 기술을 체계화!
지적인 정보 생산을 위해 저자가 연구자로서 스스로 고안하고 동료들과 교류
하며 터득한 여러 연구 비법의 정수를 체계적으로 소개한다.

024 조세 피난처 -달아나는 세금-

시가 사쿠라 지음 | 김효진 옮김 | 8,900원

조세 피난처를 둘러싼 어둠의 내막!
시민의 눈이 닿지 않는 장소에서 세 부담의 공평성을 해치는 온갖 악행이 벌
어진다. 그 조세 피난처의 실태를 철저하게 고발한다.

025 고사성어를 알면 중국사가 보인다

이나미 리쓰코 지음 | 이동철, 박은희 옮김 | 9,000원

고사성어에 담긴 장대한 중국사!
다양한 고사성어를 소개하며 그 탄생 배경인 중국사의 흐름을 더듬어본다. 중
국사의 명장면 속에서 피어난 고사성어들이 깊은 울림을 전해준다.

026 수면장애와 우울증

시미즈 데쓰오 지음 | 김수희 옮김 | 8,900원

우울증의 신호인 수면장애!
우울증의 조짐이나 증상을 수면장애와 관련지어 밝혀낸다. 우울증을 예방하
기 위한 수면 개선이나 숙면법 등을 상세히 소개한다.

027 아이의 사회력

가도와키 아쓰시 지음 | 김수희 옮김 | 8,900원

아이들의 행복한 성장을 위한 교육법!
아이들 사이에서 타인에 대한 관심이 사라져가고 있다. 이에 「사람과 사람이
이어지고, 사회를 만들어나가는 힘」으로 「사회력」을 제시한다.

028 쑨원 -근대화의 기로-

후카마치 히데오 지음 | 박제이 옮김 | 9,800원

독재 지향의 민주주의자 쑨원!
쑨원, 그 남자가 꿈꾸었던 것은 민주인가, 독재인가? 신해혁명으로 중화민국을
탄생시킨 희대의 트릭스터 쑨원의 못다 이룬 꿈을 알아본다.

029 중국사가 낳은 천재들

이나미 리쓰코 지음 | 이동철, 박은희 옮김 | 8,900원

중국 역사를 빛낸 56인의 천재들!
중국사를 빛낸 걸출한 재능과 독특한 캐릭터의 인물들을 연대순으로 살펴본다. 그
들은 어떻게 중국사를 움직였는가?!

중국사가 낳은 천재들

초판 1쇄 인쇄 2018년 7월 10일
초판 1쇄 발행 2018년 7월 15일

저자 : 이나미 리쓰코
번역 : 이동철, 박은희

펴낸이 : 이동섭
편집 : 이민규, 서찬웅
디자인 : 조세연, 백승주
영업 · 마케팅 : 송정환
e-BOOK : 홍인표, 김영빈, 유재학, 최정수
관리 : 이윤미

㈜에이케이커뮤니케이션즈
등록 1996년 7월 9일(제302-1996-00026호)
주소 : 04002 서울 마포구 동교로 17안길 28, 2층
TEL : 02-702-7963~5   FAX : 02-702-7988
http://www.amusementkorea.co.kr

ISBN 979-11-274-1626-3 04910
ISBN 979-11-7024-600-8 04080

KIJIN TO ISAI NO CHUGOKUSHI
by Ritsuko Inami
Copyright © 2005 by Ritsuko Inami
First published 2005 by Iwanami Shoten, Publishers, Tokyo.
This Korean edition published 2018
by AK Communications, Inc., Seoul
by arrangement with the Proprietor c/o Iwanami Shoten, Publishers, Tokyo.

이 도서의 국립중앙도서관 출판예정도서목록(CIP)은 서지정보유통지원시스템 홈페
이지(http://seoji.nl.go.kr)와 국가자료공동목록시스템(http://www.nl.go.kr/kolisnet)
에서 이용하실 수 있습니다. (CIP제어번호: CIP2018019689)

*잘못된 책은 구입한 곳에서 무료로 바꿔드립니다.